Gemäldegalerie Berlin

Der Neubau am Kulturforum

Gemäldegalerie Berlin

The new building at the Kulturforum

G+H
Verlag Berlin

Gemäldegalerie Berlin
Der Neubau am Kulturforum
Gemäldegalerie Berlin
The new building at the Kulturforum

mit Beiträgen with contributions by Wolf-Dieter Dube
Hilmer & Sattler
Fritz Neumeyer

Fotos Stefan Müller

Herausgegeben von den Edited by Staatlichen Museen zu Berlin – Preußischer Kulturbesitz

S M
P K

Diese Publikation erscheint zur Eröffnung
der Gemäldegalerie Berlin
am 12. Juni 1998
This book is being published to coincide with the opening
of the Gemäldegalerie Berlin
on 12 june 1998

Die Deutsche Bibliothek – CIP-Einheitsaufnahme

Gemäldegalerie Berlin : der Neubau am Kulturforum ; [erscheint zur Eröffnung der Gemäldegalerie Berlin am 12. Juni 1998] / hrsg. von den Staatlichen Museen zu Berlin – Preußischer Kulturbesitz. Mit Beitr. von Wolf-Dieter Dube ; Hilmer & Sattler ; Fritz Neumeyer. [Zeichn. und Pläne: Büro Hilmer & Sattler. Fotos: Stefan Müller u. a. Übers.: Robin Benson und Andrew Boreham]. – Berlin : G-und-H-Verl., 1998
Text dt. und engl.
ISBN 3-931768-17-1

Zeichnungen und Pläne:
Büro Hilmer & Sattler
Heinz Hilmer, Christoph Sattler und Partner Thomas Albrecht
Fotos:
Stefan Müller, Reinhardt Görner und Katharina Sattler
Übersetzung:
Robin Benson und Andrew Boreham
Gesamtherstellung:
Reiter-Druck, Berlin

Printed in Germany
ISBN 3-931768-17-1

Inhalt

Contents

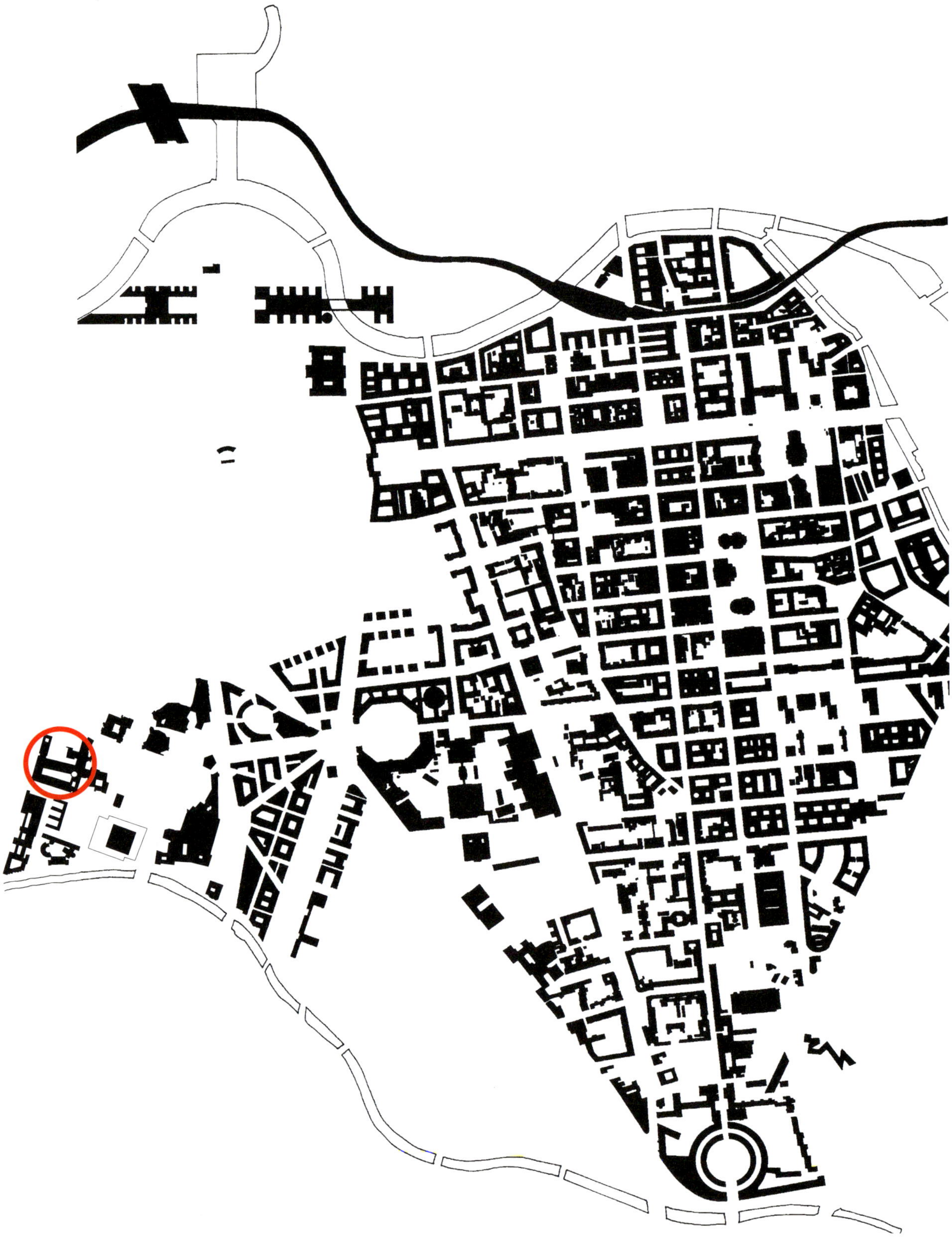

Wolf-Dieter Dube

Die Gemäldegalerie in Berlin

Die Gemäldegalerie ist gebaut, ist vollendet 33 Jahre nach Auslobung des Wettbewerbes für die Museen Europäischer Kunst am Kulturforum. Die Geschichte des nun zu besichtigenden Bauwerkes umfaßt allerdings nur die letzten 11 Jahre. Davor lag ein 1965 ausgeschriebener zweistufiger Wettbewerb für die Staatlichen Museen am Kulturforum mit dem Ziel, einen Komplex entstehen zu lassen, der geeignet war, die in West-Berlin bewahrten Bestände jener Sammlungen aufzunehmen, die in Berlin-Mitte, vorzugsweise auf der Museumsinsel, beheimatet waren. Zugleich sollten Gebäude entstehen, um jene Baulichkeiten der Museen zu ersetzen, die im Kriege zerstört worden waren oder aus anderen Gründen für museale Nutzung nicht mehr zur Verfügung standen. Schließlich mußte der neue Komplex auch nach der erhofften Wiedervereinigung Deutschlands im Zusammenwirken mit der Museumsinsel funktionieren. Von diesen Überlegungen war die Wahl des Grundstückes bestimmt, wie auch schließlich die des Architekten. Da der zweistufige Wettbewerb kein Ergebnis erbracht hatte, wurde in Gesprächen mit den Trägern der beiden zweiten Preise und den Verfassern der drei

Wolf-Dieter Dube

The Gemäldegalerie in Berlin

The *Gemäldegalerie* has now been completed, 33 years after the competition for designs for the museums of European art at the Kulturforum was launched. The history of the building, to which we shall now turn, only goes back 11 years. Its construction was preceded by a two-stage competition, initiated in 1965, for the state museums at the Kulturforum. The aim was to create a complex suitable for accommodating the works preserved in West-Berlin, formally belonging to the collections in Berlin-Mitte, primarily on the Museum Island. At the same time, buildings were to be constructed to replace those either destroyed during the war or no longer available for museum use for other reasons. Last but not least, the new complex was to be designed to operate in conjunction with the Museum Island once the hoped-for unification of Germany came about. These considerations determined the choice of both location and ultimately, of architect, too. As the two-stage competition did not lead to a satisfactory decision, a third stage was initiated following talks with the winners of the two second prizes and the designers of the three purchases. As Rolf Gutbrod had presented the

Ankäufe gewissermaßen eine dritte Wettbewerbsstufe angeschlossen, in der Rolf Gutbrod am stärksten überzeugte und daher 1968 mit dem Gesamtentwurf beauftragt wurde. Aber erst 10 Jahre später – 1978 – erfolgte die Grundsteinlegung für den ersten Bauteil, das Kunstgewerbemuseum, das nach weiteren sieben Jahren Bauzeit 1985 eröffnet werden konnte.
Die Vergabe der Gesamtplanung an einen Architekten war aus heutiger Sicht betrachtet ein Fehler. Auch wir würden es vorziehen, nach den Vorgaben einer »städtebaulichen« Grundstruktur die einzelnen Bauten von verschiedenen Architekten entwerfen zu lassen, wie auf dem benachbarten Potsdamer Platz geschehen. Damals aber stand im Vordergrund der Gedanke, eine zweite Museumsinsel bauen und dabei deren Fehler vermeiden zu können. Das große Manko der Museumsinsel besteht bis heute darin, daß fünf Solitäre eigentlich beziehungslos nebeneinander stehen und durch ihre jeweilige Innenstruktur eine funktionale Verbindung geradezu abwehren. So war und ist die Idee, die einzelnen Museen am Kulturforum an eine zentrale Eingangshalle

most convincing concept, he was commissioned with the overall design of the project in 1968. However, another 10 years were to pass before, in 1978, the foundation stone for the first building, the *Kunstgewerbemuseum*, was laid. The museum was opened in 1985, after a building phase lasting more than seven years.
In retrospect, it was a mistake to award the overall-planning assignment to one architect. We would also prefer to see each building designed by a different architect based on »urban-planning« requirements, as had been the case at Potsdamer Platz nearby. At the time, however, the prevailing idea was to create a second ›Museum Island‹ and to avoid repeating the mistakes made there. Even today, the great disadvantage of the Museum Island lies in the fact that the five independent buildings standing there have no real relationship to one another, and that their internal structures hinder the establishment of any functional link. Hence, the original idea of connecting the individual museums at the Kulturforum to a central entrance hall was, and remains, the obvious and basically correct solution. The architectural project called for the use of standardised building elements and a site plan, i.e. a grid. Finally, the

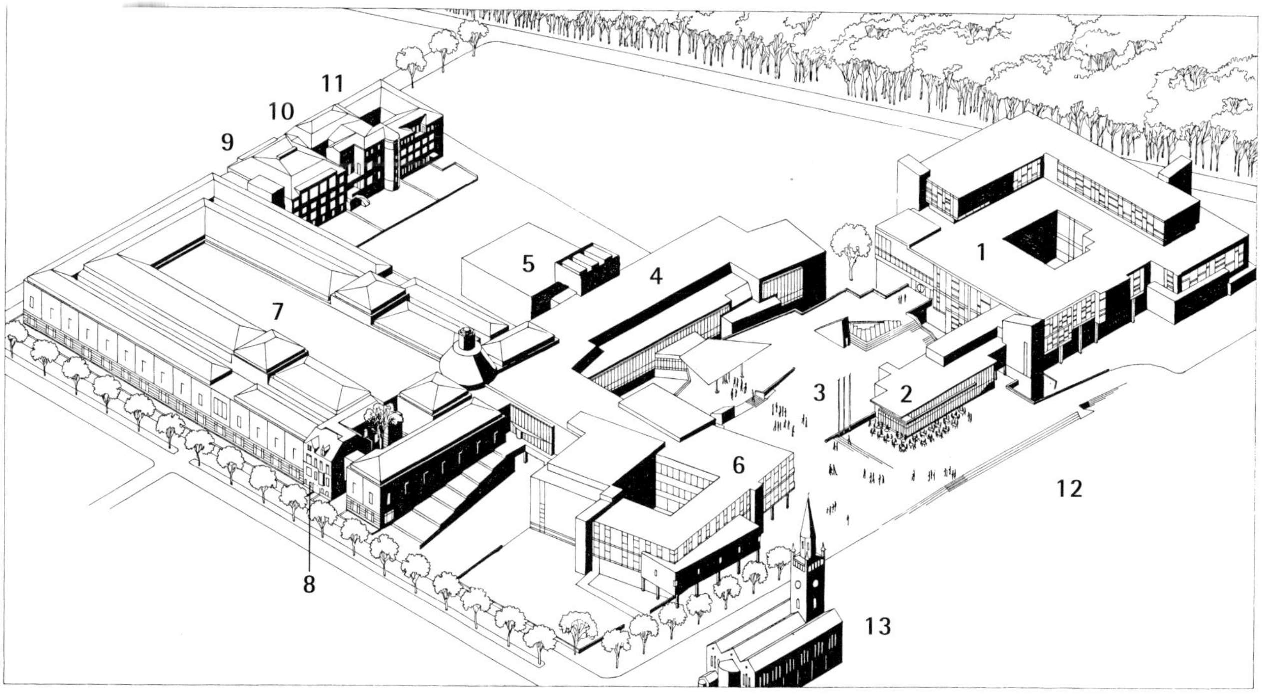

Vogelperspektive der Gesamtanlage

1 = Kunstgewerbemuseum
2 = Cafeteria (noch nicht gebaut)
3 = Piazzetta
4 = Eingangshalle
5 = Wechselausstellungshalle
6 = Kupferstichkabinett/Kunstbibliothek
7 = Gemäldegalerie
8 = Villa Parey
9 = Direktion (Gemäldegalerie)
10 = Palais Gontard (Generaldirektion)
11 = Generalverwaltung
12 = Matthäikirchplatz
13 = St. Matthäi

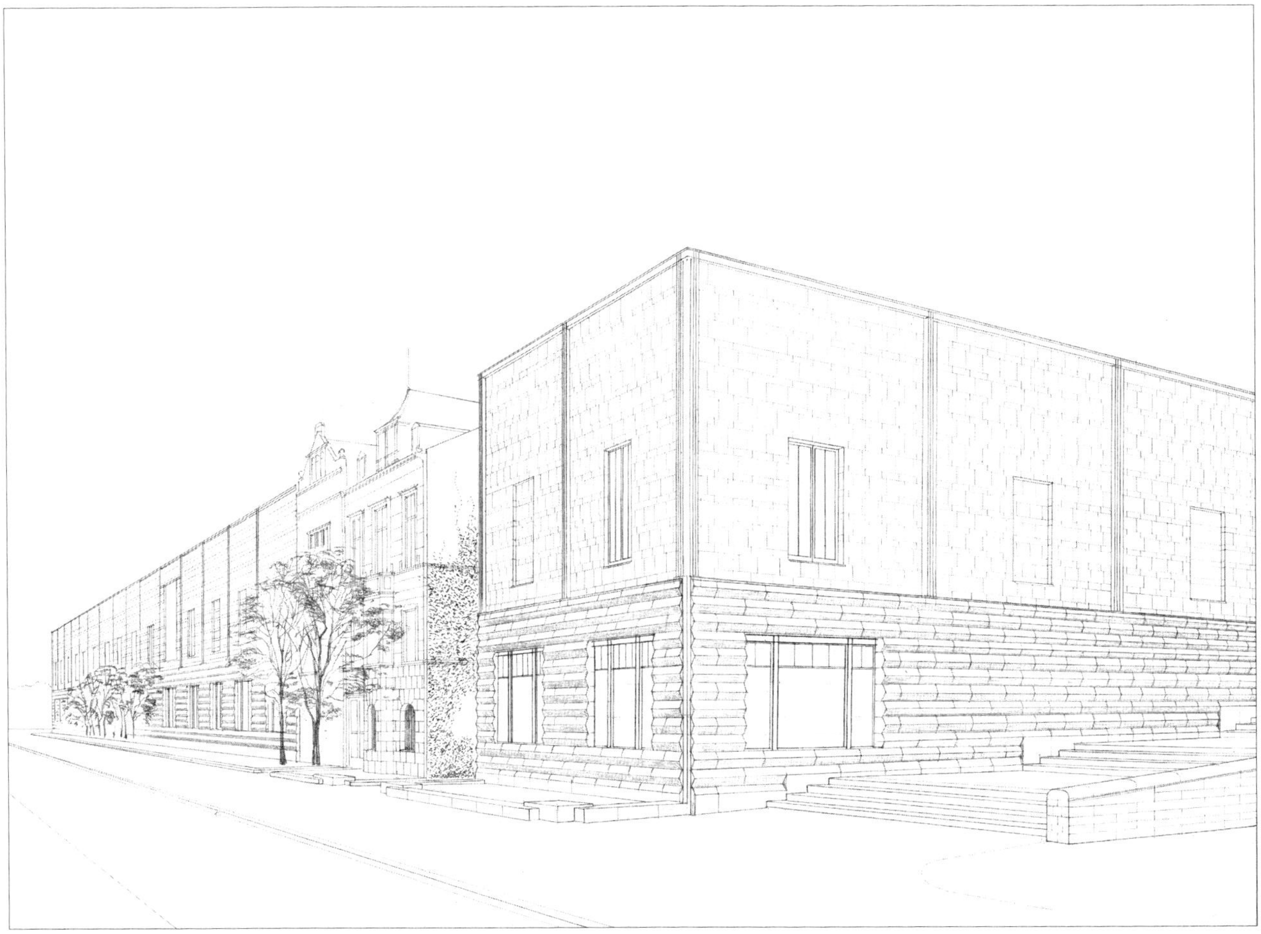

Perspektive
Sigismundstraße

anzudocken, vom Grundsatz her naheliegend und richtig. Die architektonische Intention drängte nach Vereinheitlichung der Bauteile, nach dem Muster, nach dem Raster. Und schließlich sollte die Architektur Erlebnis vermitteln, ein Erlebnis, das man sich von den Kunstwerken im Museum allein nicht mehr erwartete. »Treppe rauf, Treppe runter« war die Devise.

Die Planung für die Gemäldegalerie schien verbindlich abgeschlossen zu sein und war im Frühjahr 1983 als »der endgültige Entwurf« publiziert worden. Dennoch fühlte ich mich verpflichtet, in stiftungsinternen Gesprächen grundsätzliche Bedenken vorzutragen, war ich doch auch wegen meiner Erfahrung im

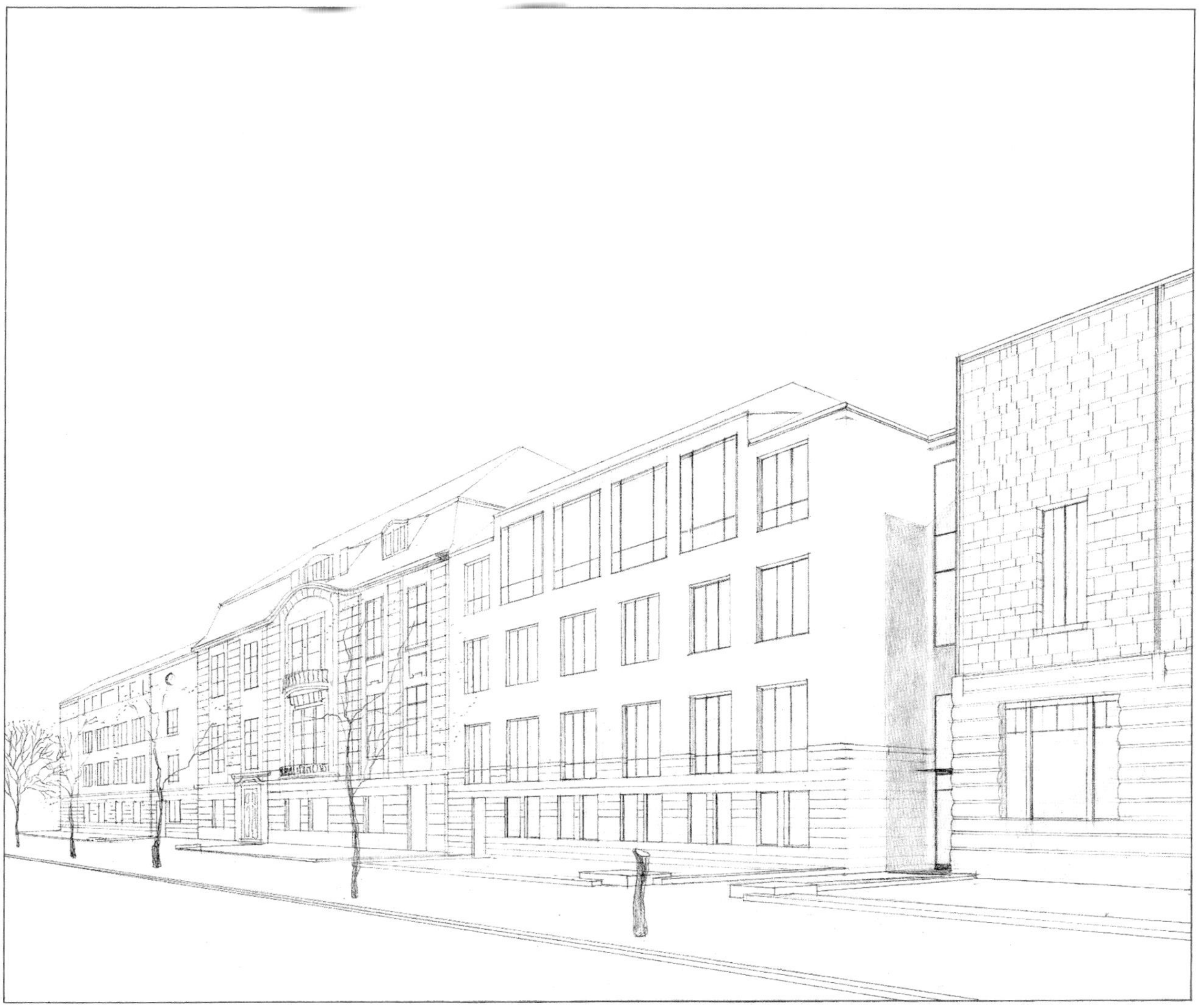

Perspektive
Stauffenbergstraße

architecture was to communicate an experience that one no longer expected solely from works of art exhibited in a museum. The slogan was: »Up and down the stairs«.

As it was assumed that the implementation of the plans for the *Gemäldegalerie* was binding, they were published as the »final design« in the spring of 1983. I nevertheless felt obliged to voice my fundamental doubts in talks held inside the Foundation, since I had, after all, been called to Berlin as someone with experience in museum construction. At first, I was unable to convince anyone with my criticisms, as this would have meant drawing up completely new plans and, in turn, threatened to delay the entire pro-

Museumsbau nach Berlin berufen worden. Diese Kritik konnte zunächst nicht durchschlagen, weil sie auf eine Neuplanung vom Grunde her zielte und damit die Gefahr heraufbeschwor, das ganze Projekt erneut auf unabsehbare Zeit zu verzögern, wenn nicht gar ganz zu verhindern. Die Kritik bezog sich auf einen Grundgedanken des ganzen Entwurfes, der darin besteht, daß der Besucher die zentrale Eingangshalle auf einer Verteilerebene betritt, auf der nichts geschieht, um sich dann ins Untergeschoß zu begeben und die Museumszugänge zu suchen, einer Struktur, wie sie übrigens auch im Kunstgewerbemuseum verwirklicht worden ist. Dieser Gedanke, den Rolf Gutbrod aus der von ihm gebauten und notwendigerweise ganz anders strukturierten Liederhalle in Stuttgart übernommen hatte, ist für ein Museum außerordentlich problematisch. Die Schwäche dieser Idee war kaschiert durch die im Untergeschoß zu betretende »Multscher-halle«, die den Hauptzugang zur Gemäldegalerie und Skulpturengalerie bilden sollte und für die Präsentation von Hauptwerken deutscher Malerei und Skulptur des 15. Jahrhunderts vorgesehen war. Abgesehen von der inhaltlichen Problematik

ject for the unforeseeable future, or even resulted in it being abandoned altogether. My criticisms were directed at one of the basic assumptions underlying the entire design, i.e. that people visiting the central entrance hall were entering a distribution level where nothing happened, before proceeding to the basement in their search for the museum entrances. This, incidentally, is the same structure as that used in the *Kunstgewerbemuseum*. The concept Rolf Gutbrod borrowed from his design for the *Liederhalle* in Stuttgart, which necessitated the use of a completely different structure, would have caused considerable problems when applied to museum. The major weakness of the idea was concealed behind the »Multscherhalle« on the basement storey. The »Multscherhalle« was intended to function as the main entrance area for both the *Gemäldegalerie* and the *Skulpturengalerie*, where the major works of 15th century German painting and sculpture were to be exhibited. Apart from the problems concerning the contents, access to the *Gemäldegalerie* was only possible via a small lock from where visi-

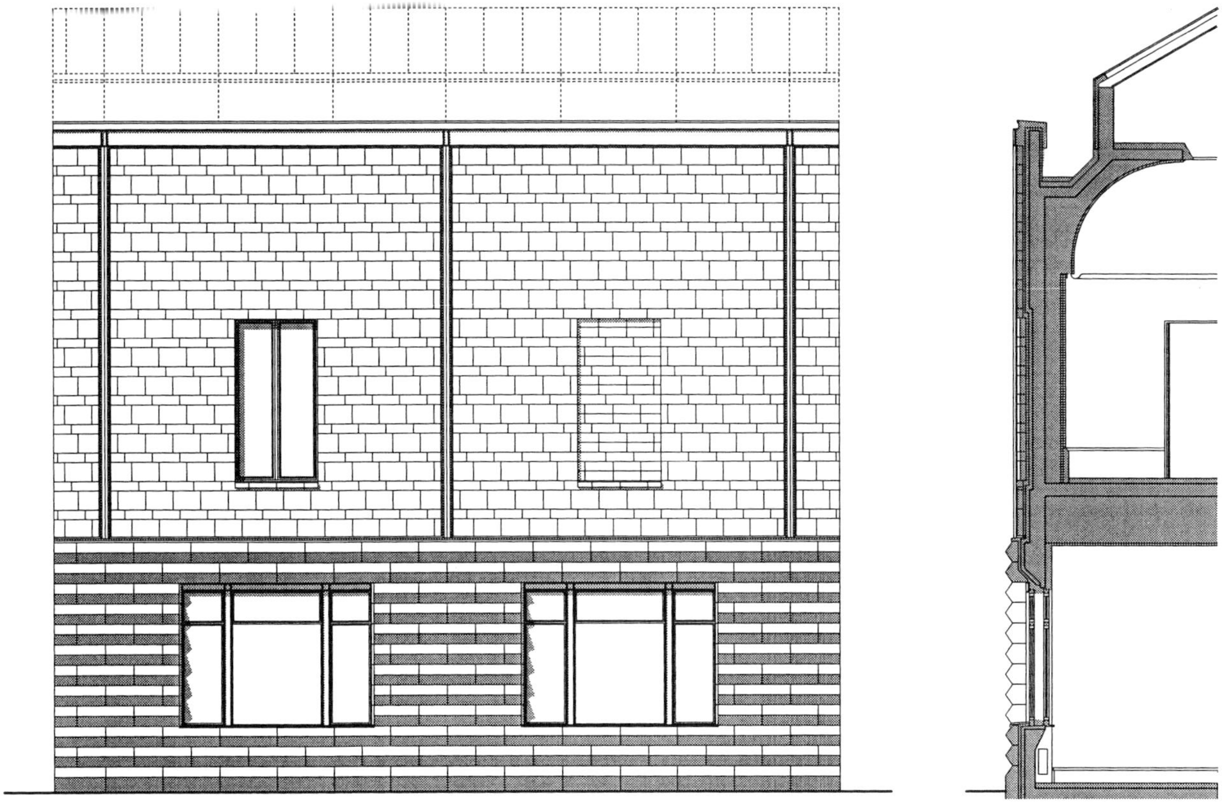

Ansicht und Schnitt
Facade and section

ergab sich der Zugang zur Gemäldegalerie dennoch nur über eine kleine Schleuse und führte in Kunstlichträume, an die sich Tageslichtkabinette anschlossen: eine nicht sehr verführerische Situation. Da die »Multscherhalle« für den Zugang der Gemäldegalerie nichts erbrachte, wurde sie 1983 aufgegeben und an ihrer Stelle ein zweigeschossiges Wechselausstellungsgebäude errichtet mit je 500 qm Fläche.

tors were led into artificially lit rooms linked, in turn, to cabinets illuminated by daylight. This would not have been very appealing to visitors. Given the fact that the »Multscherhalle« did not improve access to the *Gemäldegalerie*, the plan was abandoned in 1983 and a two-storey building erected in its place, with a floor area of 500 m² on each level to show temporary exhibitions.

Grundsätzliche Bedenken mußten gegen die Anordnung der Ausstellungsräume in zwei Stockwerken vorgebracht werden. Eine solche Lösung ist besucherunfreundlich, erschwert die Orientierung und macht das gezielte Aufsuchen von Räumen oder Gemälden schwierig. Im Falle des Entwurfs von Rolf Gutbrod kam hinzu, daß die Säle und Kabinette um zwei Innenhöfe gelagert waren, die bereits auf einer Ebene einen komplizierten Rundgang ergaben. In der Mitte des Rundganges war ein Treppenhaus geplant, das an sich nie befriedigend gelöst werden konnte, das aber vor allem falsch lag. Der Besucher wäre immer gezwungen gewesen, entweder den Rundgang auf einer Ebene abzubrechen, um das andere Stockwerk aufzusuchen, oder er hätte nach Vollendung des einen Rundganges ein Viertel des Rundganges erneut durchschreiten müssen, um zum Treppenhaus zu gelangen. Diese Zweigeschossigkeit der Gemäldegalerie wurde zu Beginn der Planung keineswegs als Mangel empfunden. Eine damals weitverbreitete Museumsideologie forderte, das Museum müsse Schwellen abbauen, sich dem Leben

Considerable doubts were raised about locating the exhibition rooms on two storeys. A solution of this nature is not very accommodating to visitors, impairs their orientation and makes it difficult for them to find the rooms and paintings they are seeking. A further problem arose with Rolf Gutbrod's design: the halls and cabinets were grouped around 2 inner courts, making a circular tour of each floor a complicated affair. A stairwell was planned for the centre of this circular route, but the solution proved unsatisfactory, as the stairwell was located in the wrong position. In order to reach the stairwell, visitors would have either had to interrupt their route in order to proceed to the other floor or repeat a quarter of the route they have already taken. From the very start, nobody had envisaged any problems in constructing a two-storey *Gemäldegalerie.* At the time, it was widely believed that a museum had to overcome its boundaries and integrate itself into life itself, or at least be open to life. The aim of constructing a multi-storey complex with brick facades was to remind visitors of residential architecture already familiar to them. And if the competition for the Berlin museums

Holzmodell
der Fassade
von
Wolfgang Wanniek
Wooden model
of the facade,
by Wolfgang Wanniek

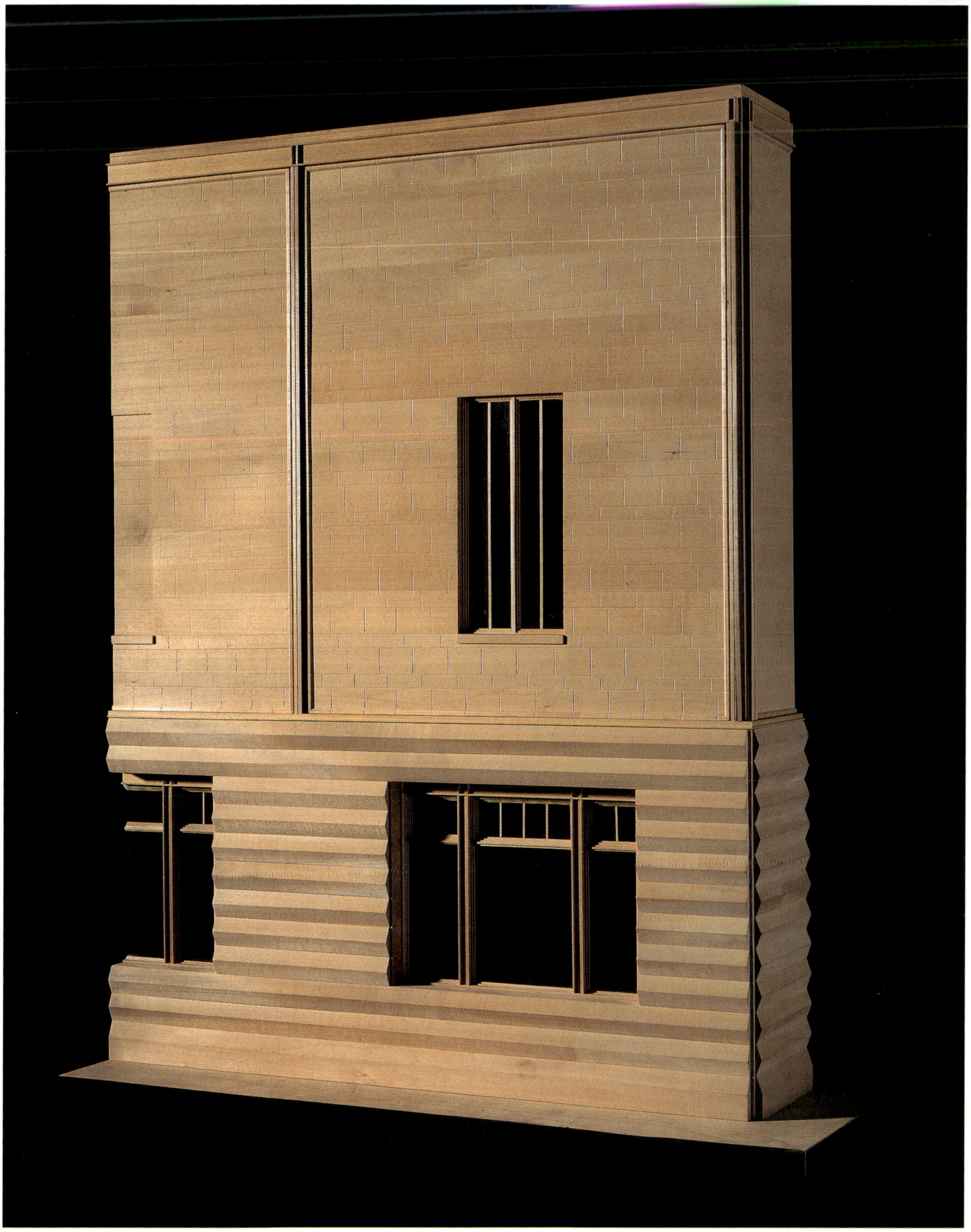

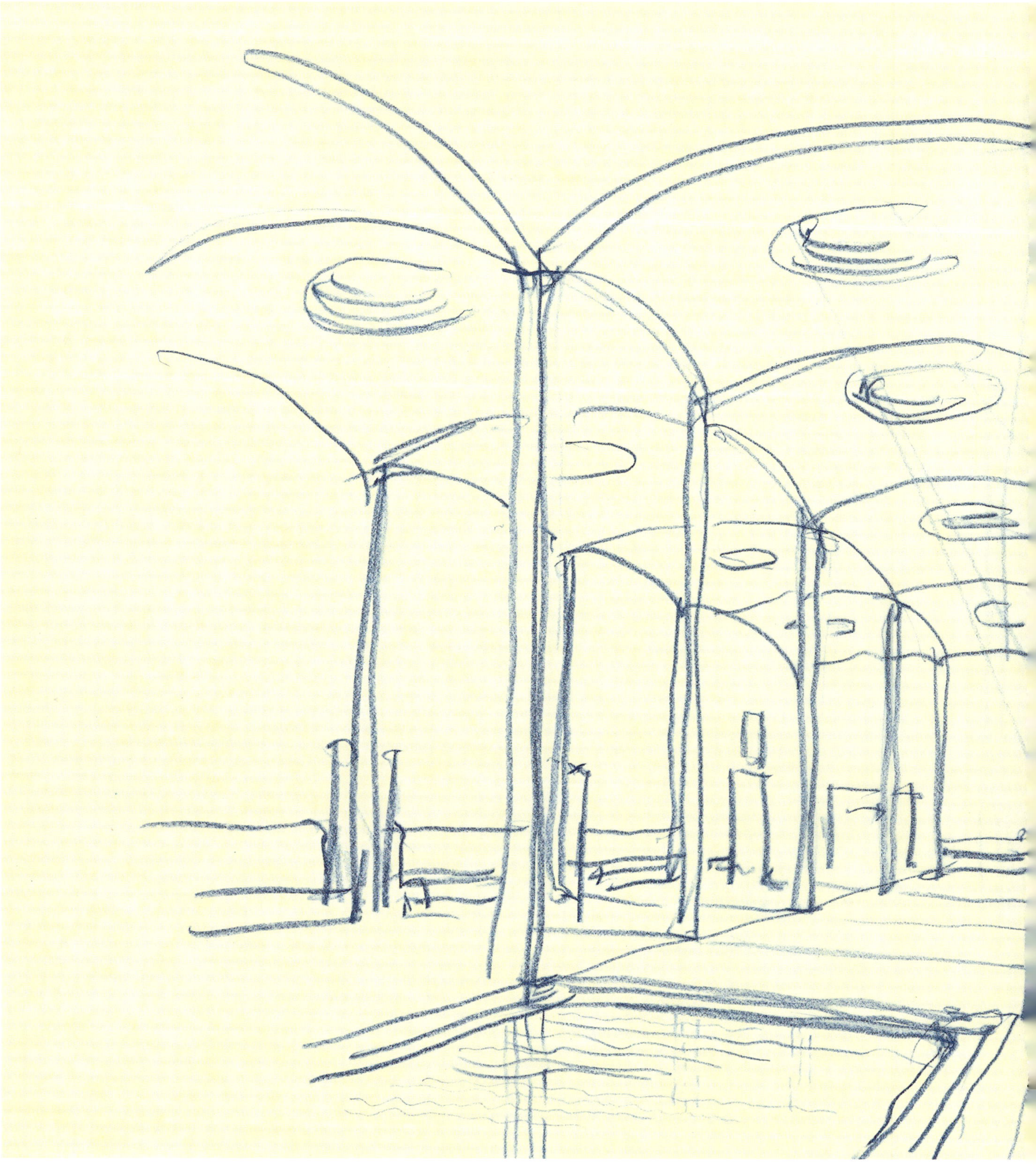

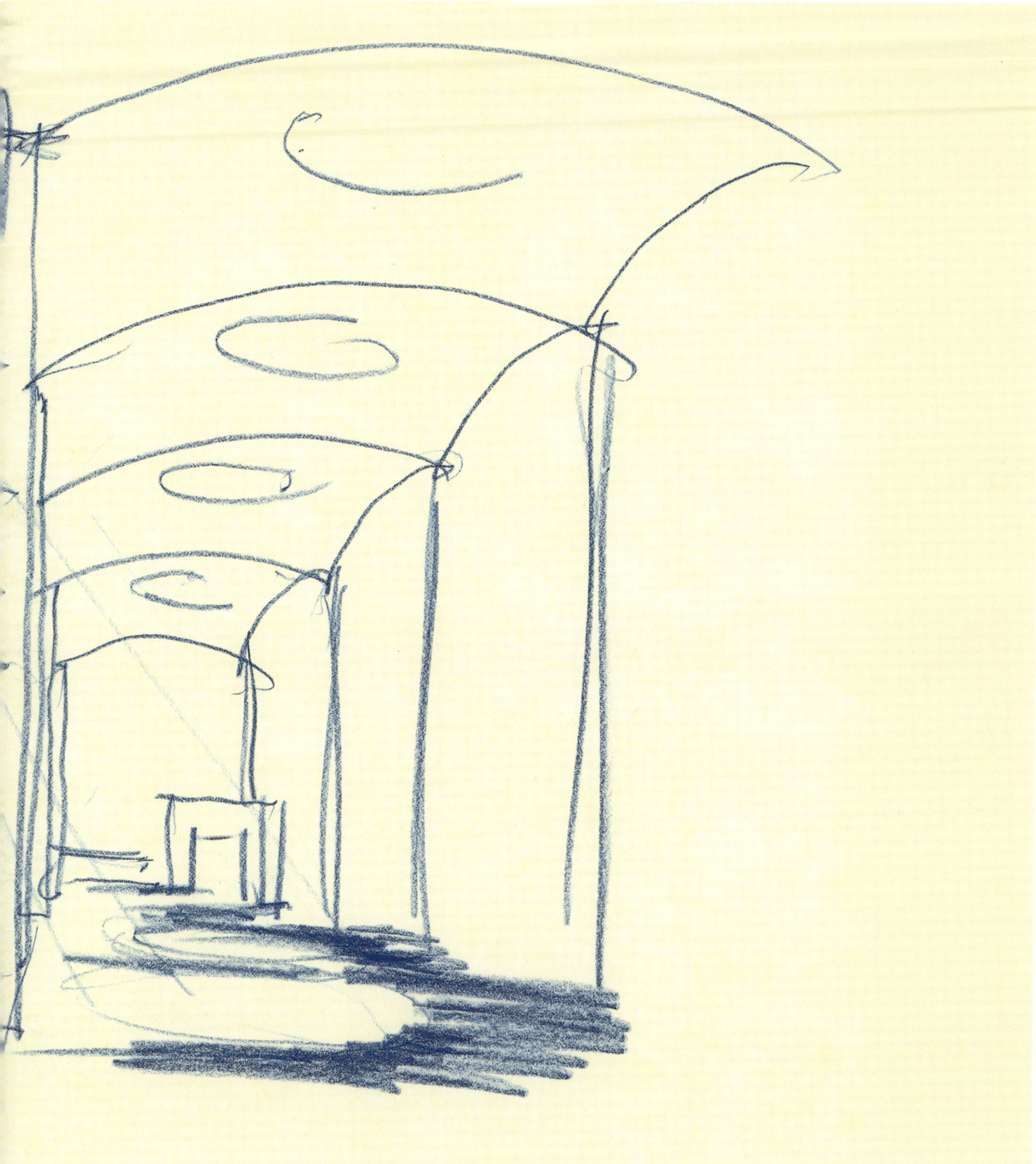

integrieren oder doch zumindest öffnen. Hier sollte eine mehrgeschossige Anlage mit Backsteinfassaden den Besucher wie vertraute Wohnhausarchitektur anmuten. Wenn bei dem Wettbewerb für die Berliner Museen in der Gemäldegalerie zwei Drittel der Räume mit steilem Seitenlicht gefordert wurden, die mit Klarglas versehen gedacht waren, so stand dahinter die damals aktuelle Überlegung, auf diese Weise die äußere Welt, das Leben ins Museum bringen zu können. Diese Lichtlösung war ohne weiteres in einem mehrgeschossigen Bau zu verwirklichen, und auch die dafür notwendige Ausrichtung nach Norden war zu verwirklichen. Die Nachteile dieser Lösung waren evident: Überstrahlung der Gemälde, starke Reflexe auf den Bildern und die graublaue Farbe des Nordlichtes. Außerdem sah der Gutbrodsche Entwurf unterhalb der schrägen Fensterbänder nur künstlich zu beleuchtende Gänge vor, die als Hängeflächen ungeeignet und für den schnellen »Durchgangsverkehr« gedacht waren. So konnte kein geschlossener Raumeindruck erreicht werden, der nach aller Erfahrung für eine konzentrierte Betrachtung von Gemäl-

envisaged supplying two thirds of the rooms in the *Gemäldegalerie* with light falling steeply from the sides and providing them with clear glass, it was because many people at the time thought that it would thus be possible to bring the outside world – life – into the museum. Realising this lighting solution in a multi-storey building would have been relatively simple, even assuming that the building had to face north. Yet the disadvantages posed by this solution were obvious: irradiation of the paintings, glaring reflections on the pictures and the greyish-blue of the light coming from the north. Furthermore, Gutbrod's design provided for the exclusive use of artificial lighting in the corridors beneath the inclined strip windows. Unsuitable as suspended areas, the corridors were conceived for fast-moving »through traffic«. This made it impossible to create the impression of a closed, unified space, which, as experience shows, is the essential prerequisite for creating an atmosphere in which viewers can concentrate on works of art.
Given the complexity and complicated nature of the project, it was all too understandable that no arguments in the world would have

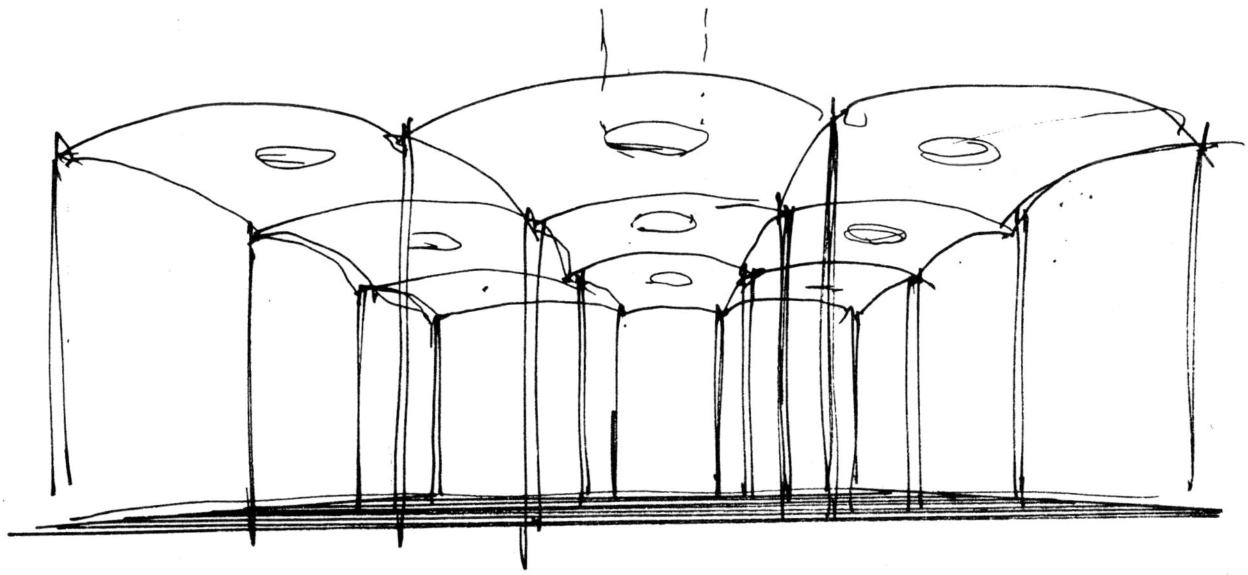

den die notwendige Voraussetzung bildet. Bei einer so komplexen und komplizierten Materie konnten alle Argumente verständlicherweise nicht ausreichen, eine annähernd 20 Jahre lang akzeptierte Planung zu verändern. Auch als 1984 eine politische Entscheidung fiel, das Haus Sigismundstr. 4a, die sogenannte Villa Parey, zu erhalten und in den Neubau der Gemäldegalerie zu integrieren, hatte das weder Auswirkungen auf die äußere noch die innere achitektonische Gestaltung. Immerhin konnte durchgesetzt werden, daß ein Proberaum im Maßstab 1 : 1

sufficed to change plans which had been accepted for almost twenty years. And when a political decision was made, in 1984, to preserve the house at Sigismundstrasse 4a, the so-called Villa Parey, and integrate it into the new *Gemäldegalerie* building, this measure made no difference either to the exterior or the interior. Nevertheless, steps were taken to ensure that a full-scale model was built. It was argued that this room would improve the existing plans. This turned out to be an illusion, however, and actually had the opposite effect: the concept itself was finally brought into question.

gebaut wurde. Dieser Proberaum war damit begründet, die vorliegende Planung verbessern zu helfen. Das erwies sich allerdings als nicht möglich, im Gegenteil, die Konzeption wurde endgültig in Frage gestellt. Die erhebliche Kritik an dem gleichzeitig im Mai 1985 eröffneten Kunstgewerbemuseum führte zur Notwendigkeit des Umdenkens. Die Museumskommission der Stiftung Preußischer Kulturbesitz formulierte dazu im Oktober 1985: »Die zahlreichen Museumsneubauten der letzten zwei Jahrzehnte im In- und Ausland haben wesentliche neue Erkenntnisse erbracht und darüber hinaus auch hinsichtlich der Architektur und der Lichtführung neue Maßstäbe gesetzt. Diesen wird der vorliegende Entwurf nicht mehr gerecht. Eine eingehende Erörterung des gegenwärtigen Konzepts und die Besichtigung des Musterbaus haben ergeben, daß die Säle mit hohem Seitenlicht, wie sie der Entwurf vorsieht, erhebliche Probleme aufwerfen und den hohen Anforderungen, die an einen Bau dieser Art heute zu stellen sind, nicht entsprechen. Eine Umarbeitung des vorhandenen Entwurfes hält die Museumskommission nicht für möglich. Sie empfiehlt, einen neuen Bauentwurf für die Gemäldegalerie zu

Strong criticisms were voiced to accompany the opening of the *Kunstgewerbemuseum* on May 1985 and inevitably led to some radical rethinking. In October 1985, the Museum Commission of the *Stiftung Preussischer Kulturbesitz* formulated the problem as follows: »The countless new museum buildings constructed over the past 2 decades both at home and abroad have provided new and vital insights. Furthermore, they have set new standards both with respect to architecture and light conduction. The present design no longer does justice to these developments. A detailed discussion of the present concept and an inspection of the model have shown that halls with high side-lighting, as envisaged in the design, cause considerable problems and do not meet the high demands placed on a building of this type today. The Museum Commission does not consider any revision of the present design possible. It recommends that a new design be prepared for the *Gemäldegalerie*, taking into account the insights gained in museum construction in general over the past few years.«

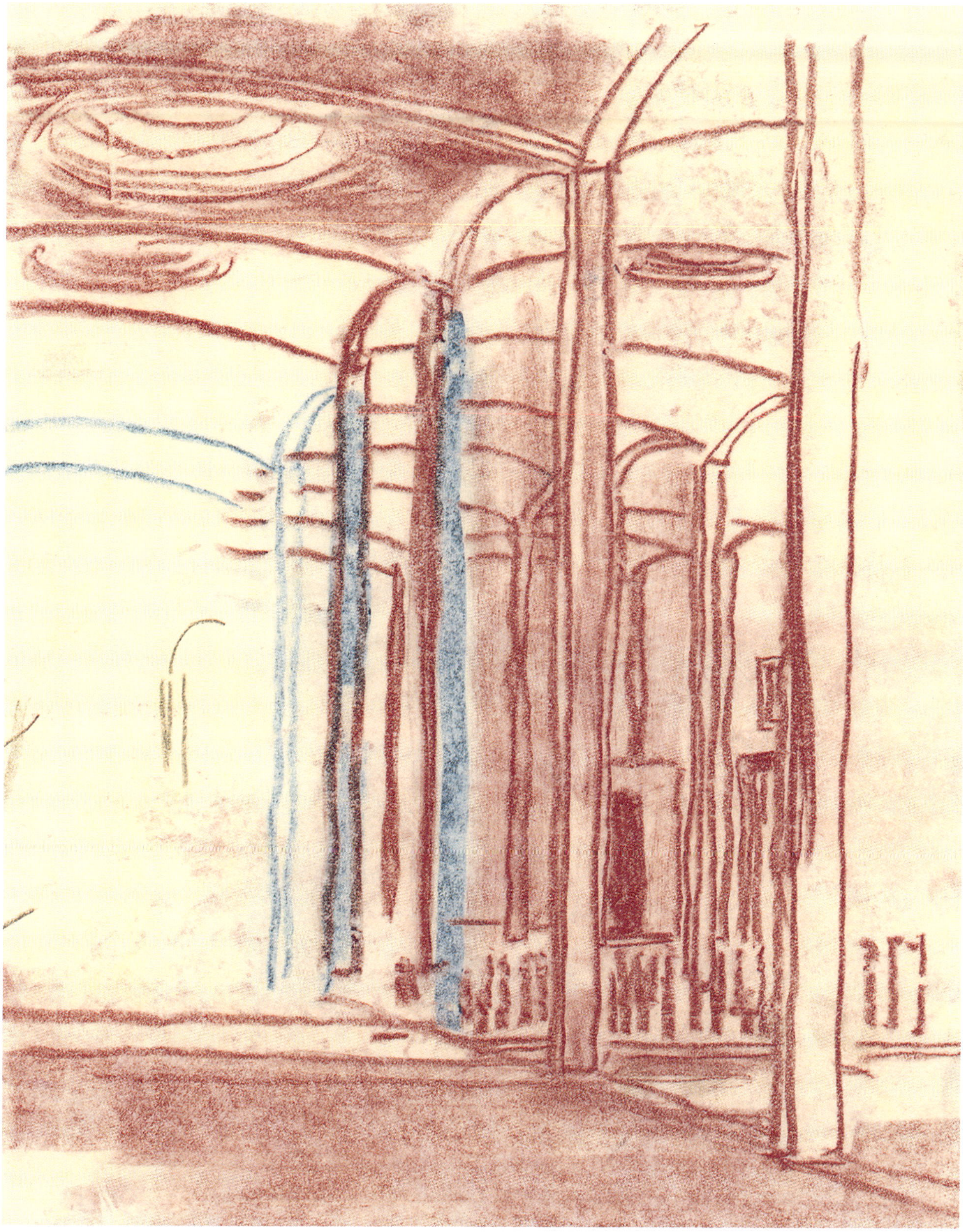

erstellen, bei dem die in den letzten Jahren allgemein gewonnenen Erkenntnisse im Museumsbau zu berücksichtigen sind.«
Im Juni 1986 wurde ein beschränkter Wettbewerb ausgeschrieben, der in zwei Stufen entschieden und von der Architektengemeinschaft Heinz Hilmer – Christoph Sattler in München gewonnen wurde. Zwei Aspekte dieses Wettbewerbes waren bemerkenswert. Zum einen waren unter den acht Sachpreisrichtern der Präsident der Stiftung Preußischer Kulturbesitz, vier Museumsdirektoren und nur drei Staatssekretäre. Zwei weitere Museumsbeamte nahmen als Vertreter ohne Stimmrecht teil. So konnte der Museumsfunktion das ihr zukommende Gewicht in den Beratungen verschafft werden. Das ist leider keine Selbstverständlichkeit, wie man meinen sollte. In Frankfurt am Main zum Beispiel haben bei allen Wettbewerben Museumsfachleute einschließlich des Direktors des zu planenden Hauses nur als Berater ohne Stimmrecht teilgenommen. Ich kenne nur einen Wettbewerb, bei dem als Sachpreisrichter ausschließlich Museumsbeamte mitwirkten, nämlich den für die Neue Pinakothek

In June 1986, a limited number of architects were invited to take part in a competition, which was judged in two stages. The architects' collaborative of Heinz Hilmer and Christoph Sattler won the competition, which had two noteworthy features. On the one hand, the 8 expert judges consisted of the President of the *Stiftung Preussischer Kulturbesitz*, 4 museum directors and only three state secretaries. In addition, 2 more museum officials participated without voting rights. In the jury discussions the building's function as a museum thus received the attention it deserved. Unfortunately, this constellation is nowhere near as commonly accepted as one might expect. In Frankfurt am Main, for example, the museum experts, including the director of the museum due to be planned, invited to participate in all the competitions only had an advisory function. They had no voting right. I only know of one competition in which the jury of experts was composed exclusively of museum officials, and that was for the *Neue Pinakothek* in Munich in 1967. The results, as we all know, were positive. Furthermore, a very effective procedure was implemented for the second stage of the competition in Berlin. Under the supervision of the chairman of the

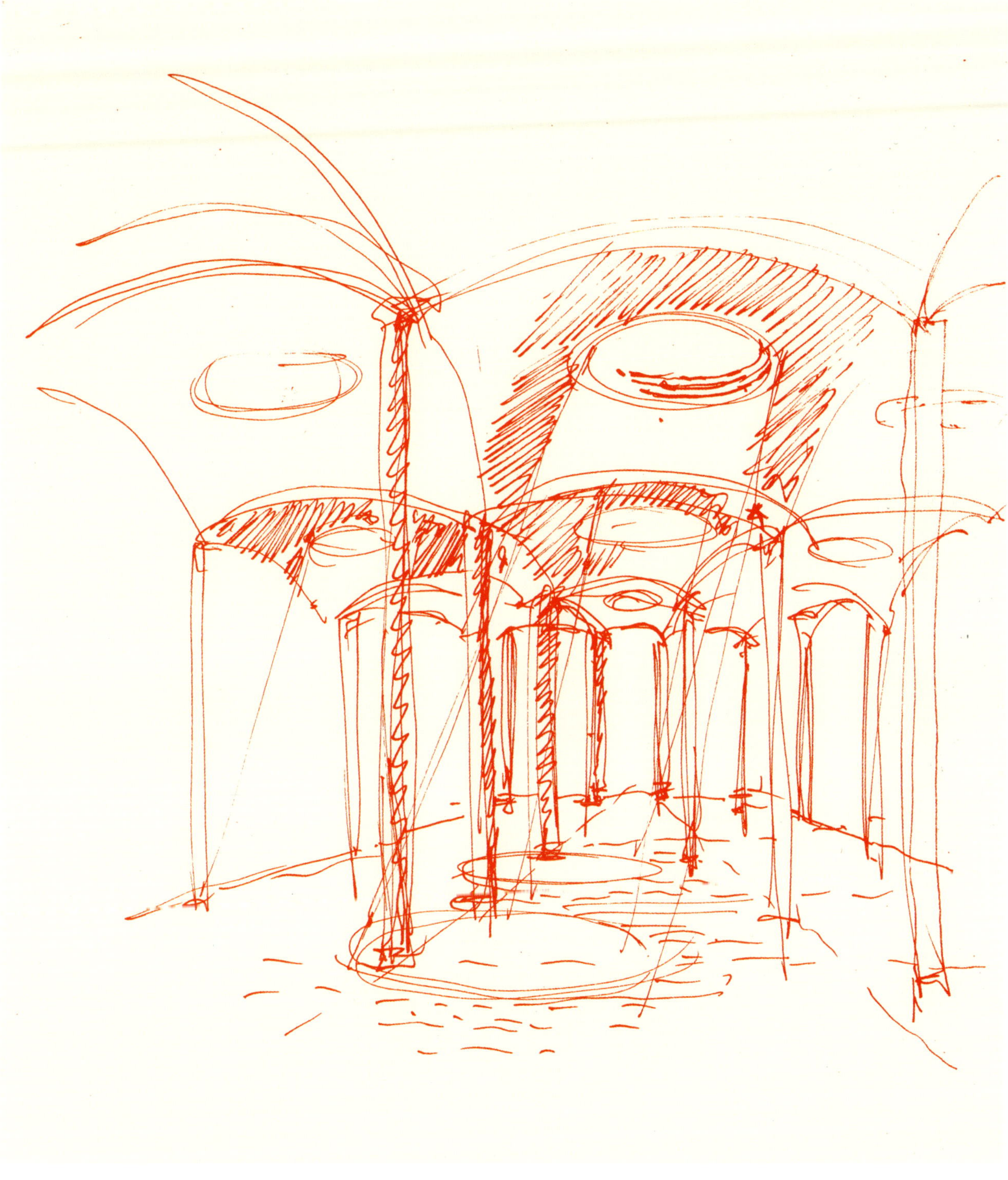

in München 1967. Das positive Ergebnis ist bekannt. Zum zweiten konnte für die zweite Stufe ein sehr effektives Verfahren praktiziert werden. Unter Aufsicht des Vorsitzenden des Preisgerichts wurden mit den verbliebenen Bewerbern in Arbeitssitzungen die Forderungen der Gemäldegalerie bezogen auf die Projekte präzisiert und kritische Punkte diskutiert. Dieses führte nicht nur zu sachgerechten Weiterentwicklungen, sondern machte auch deutlich, in welchen Bereichen die Entwerfer ihrer architektonischen Idee wegen zu Veränderungen oder Kompromissen nicht bereit sein konnten. Das Preisgericht war damit in der Lage, sein Votum aufgrund gut gesicherter Daten abzugeben. Als das Preisgericht sich endlich für den Entwurf Hilmer & Sattler entschieden hatte, kam Günter Behnisch mit ausgestrecktem Zeigefinger auf mich zu, wie um mich zu erdolchen, und rief: »Sie sind schuld!« Ich bekenne mich gerne zu dieser Schuld. Ich ertrage leicht den Vorwurf von Kollegen, ich hätte ohne Not eine Münchner Museumstradition nach Berlin übertragen. In Wahrheit geht es aber nur darum, sich in die Tradition der Bauten des

jury, the project requirements for the *Gemäldegalerie* were discussed in great detail, touching on the critical questions, with the competitors who had reached this stage. This not only meant that further developments did justice to the project requirements, but also made it quite clear in which areas the designers could not be expected to accept changes and compromises on the basis of their architectural concepts. The jury was thus in a position to pass its vote on the basis of very reliable data. After it had finally reached a decision in favour of Hilmer & Sattler's design, Günter Behnisch approached me, his forefinger raised as if he were about to stab me. »You're to blame for all this!« he shouted. I willingly accept this charge. I can easily accept it when colleagues reproach me with simply having transferred to Berlin a tradition typical of Munich. In reality, however, it was a question of following the tradition established by Leo von Klenze, the most important museum architect. The most obvious model in this context is the *Alte Pinakothek* in Munich, for which planning began in 1822. At the time, Klenze explained his intentions as follows: »An art gallery ought to be

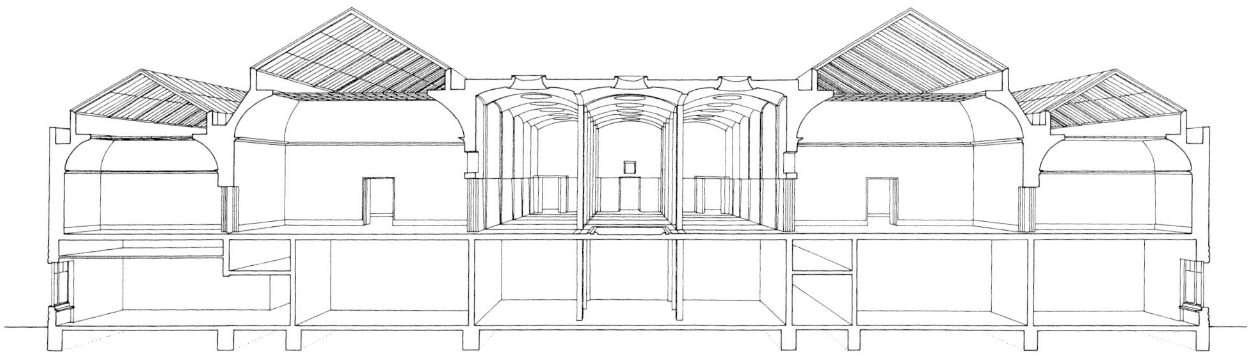

bedeutendsten Museumsarchitekten Leo von Klenze zu stellen. Das naheliegende Vorbild ist die Alte Pinakothek in München, mit deren Planung 1822 begonnen wurde. Klenze erläuterte damals seine Absichten: »Eine Gemäldegalerie soll in einer freien Lage, gesichert gegen Feuersgefahr, Staub und Reflexlicht angelegt werden. Sie soll das ganze Feld der Graphik umfassen, und sowohl ihrem Äußeren als Innern nach dem Beschauer bedeutende Effekte darbieten, geeignet die Seele desselben in die paßliche Stimmung zu versetzen: denn mehr für die Nation als für Künstler, welchen diese Stimmung schon angeboren ist, muß und soll eine solche Sammlung bestimmt und berechnet sein. Die Gemälde sollen nach dem einzigen, historisch festbegründeten Systeme der Schulen angeordnet und aufgestellt werden; aber man soll zu jeder Abteilung unmittelbar und ohne zuvor durch den Anblick anderer Bilder gestört und ermüdet zu werden, gelangen können. Große und kleine Bilder schaden einander wechselseitig, die großen erdrücken die kleinen, welche den Effekt jener wieder verwirren. Deshalb sollen beide in getrenn-

erected as a freely standing building, safeguarded against the dangers of fire, dust and light reflection. It is to encompass the entire field of fine art, impressing the viewer by its external features and its interior, which are to be designed to create in him a disposition becoming the occasion: a collection of this nature must and is to be designed and calculated for the nation rather than for the artist, who is born with this disposition. The paintings are to be arranged and placed in accordance with the system of schools, the only historically well-founded approach; furthermore, one should be able to reach each department directly and without being disturbed or fatigued by having to view other pictures on the way. Large and small pictures detract from one another, the large ones overwhelm the small, which, in turn, obfuscate the impression created by the former. For this reason, they are to be placed in separate rooms. This is all the more important as one can only beneficially illuminate large historical pictures from above, whereas side lighting is optimal for small paintings.

When illuminating works from above, highlighting is to be avoided completely, whereas uniform northern light is to be used for illumi-

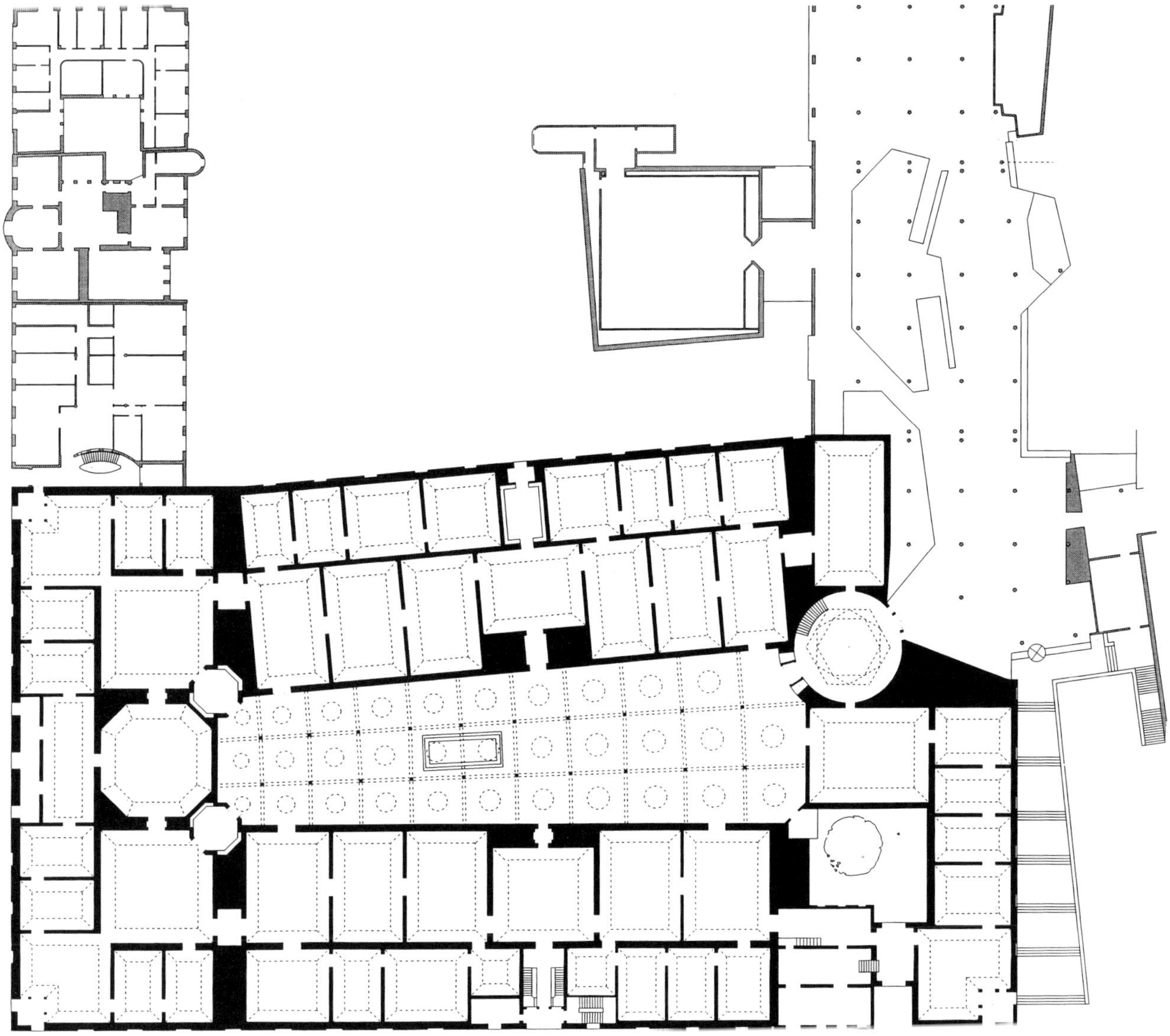

Grundriß des Ausstellungsgeschosses M 1:1000
Oben links die Direktion der Gemäldegalerie und darüber die Generaldirektion der Staatlichen Museen zu Berlin – Preußischer Kulturbesitz.
Rechts oben die Eingangshalle mit der Wechselausstellungshalle von Rolf Gutbrod.

Floor plan of the exhibition level, scale 1:1000, showing upper left, the Gallery administration and above the general administration (offices) of the *Staatliche Museen zu Berlin – Preußischer Kulturbesitz*, upper right the entrance hall with changing exhibition hall by Rolf Gutbrod.

ten Räumen aufgestellt werden; dieses um so mehr, da große historische Bilder nur von oben, kleine aber nur von der Seite ganz vollkommen günstig zu beleuchten sind.
Bei dieser Beleuchtung von oben ist das Glanzlicht wohl zu vermeiden; bei der Beleuchtung von der Seite das immer gleichmäßige Nordlicht zu suchen. Zur Erhaltung der Bilder, und zur Bequemlichkeit der Beschauer, ist eine mäßige Heizung des Lokals durchaus bedingt.
Diesen Erfordernissen gemäß ist der ganze Entwurf unserer Pinakothek angeordnet. Die Stellung des Gebäudes ist auf einem großen, freien, als regelmäßiger Garten, mit Alleen, Blumenbeeten und Springbrunnen angelegten Platze von vier Straßen eingeschlossen, gewählt, und zwar so, daß die Richtung von Osten nach Westen geht, indem die eine Hauptlängen-Fassade rein gegen Mittag, die andere, woselbst die Fenster zur Beleuchtung der kleinen Bilder sind, rein nach Mitternacht liegt.
Da die Ausschmückung der Säle, welche die größeren Bilder aufzunehmen bestimmt waren, den allerhöchsten Anordnungen des erhabenen Bauherrn gemäß, sehr reich werden sollte, so kam es

nating pictures from the side. A constant room temperature is absolutely necessary to preserve the pictures and give visitors a sense of well-being.
The entire design of our *Pinakothek* has been prepared in accordance with these requirements. The building has been located in a large, open square, designed as a regularly laid-out garden with avenues, flower beds and fountains enclosed by four streets. The alignment of the building is to run from east to west so that one of the main longitudinal facades of the building directly faces the midday sun, whilst the other, in which even the windows serve to illuminate the small pictures, directly faces the polar star.
As the halls destined for the larger paintings had to be most lavishly decorated to meet the highest demands of the noble contractor, it was important to choose a mode of decoration that united greatness and splendour without detracting from the pictures, spoiling their effect or frustrating the need to calmly contemplate them.
The rooms and halls preserving the unrivalled collection of paint-

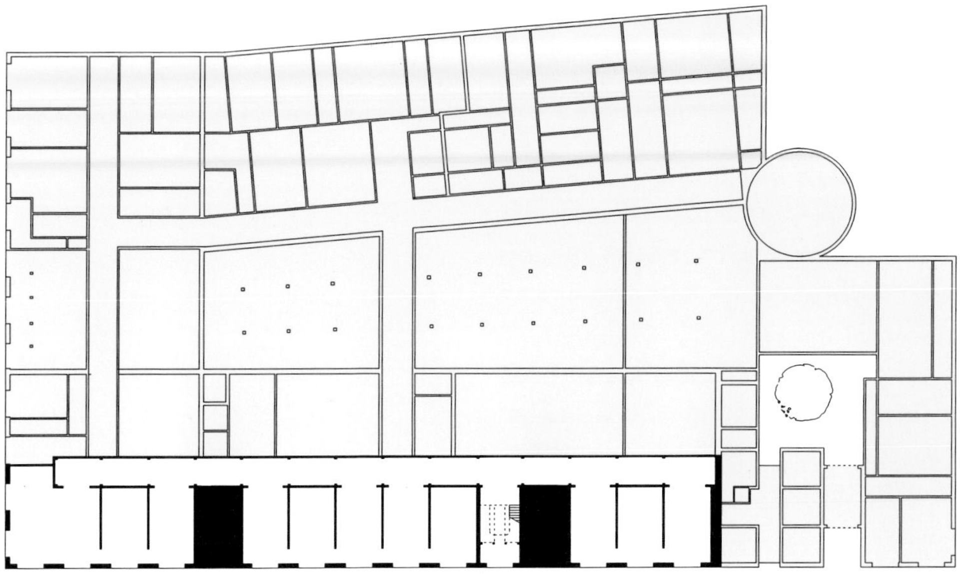

Grundriß des Sockelgeschosses mit Studiengalerie M 1:1000
Groundfloorplan with *Studiengalerie*, scale 1:1000

darauf an, eine Dekorationsart zu wählen, welche Großartigkeit und Pracht vereinigte, ohne den Bildern, ihrer Wirkung und dem ruhigen Beschauen Eintracht zu tun.
Die Zimmer und Säle, welche im Palaste Pitti zu Florenz die unvergleichliche Bilder-Sammlung bewahren, schienen, was Größe und Pracht anbelangt, wohl als Richtschnur gelten zu können.«
Damit war der Bautyp Gemäldegalerie definiert, der von da an vorbildlich war und blieb. Vorbildlich auch für einen Museumsbeamten, der das Glück hatte, vor mehr als 20 Jahren den Umbau der Alten Pinakothek bestimmen zu können und der

ings at the Pitti Palace in Florence would seem to serve as a suitable guideline as far as magnitude and splendour are concerned.«
This established the definition of the art gallery as a building type that would be suitable as a model for subsequent architectural designs. It was also exemplary for a museum official who was in the fortunate position to direct the conversion work performed on the *Alte Pinakothek* more than twenty years ago, and who also bore the responsibility for the construction of the *Neue Pinakothek*. In other words, I knew from my own experience that – and how – it would be possible to transfer the principles of the *Alte Pinakothek* to a collection of bourgeois art, and to attain a hitherto unpar-

zugleich Verantwortung trug für den Neubau der Neuen Pinakothek. D. h., ich wußte aus Erfahrung, daß und wie es möglich ist, die Prinzipien der Alten Pinakothek auf eine Sammlung bürgerlicher Kunst zu übertragen und die Belichtung in einer bis dahin nicht erreichten Qualität zu optimieren. Das bedeutet, den richtigen Kompromiß zwischen Lichtstärke, Ausbreitung des Lichtes im Raum und Lichtfarbe zu finden. Denn Licht macht die entscheidende Qualität einer Gemäldegalerie aus. Licht ist hier so wichtig wie die Akustik für einen Konzertsaal. Die Ausbreitung des Lichtes wiederum hängt von der Raumform ab, von der Höhe, wie die Raumform ihrerseits sowohl die Darstellungsmöglichkeit der Gemälde wie die Konzentrations- und Rezeptionsfähigkeit der Betrachter bestimmt. Für Architekturideologien oder für Architektenobzessionen ist da kein Platz, es geht nur um die Erfüllung sachimmanenter Notwendigkeiten.
Es war ein großes Glück, daß zwei Architekten mit der Planung beauftragt wurden, die als Münchner mit derselben Vorstellung von einer Gemäldegalerie aufgewachsen waren. Heinz Hilmer und Christoph Sattler fiel es daher nicht schwer, den Forderungen der Museumsseite zu folgen: Oberlicht, Übersichtlichkeit, leichte Orientierung für den Besucher und dennoch Abwechslung im Raumeindruck. Der Besucher betritt die zentrale Eingangshalle und kann auf der Eingangsebene den Zugang zur Gemäldegalerie ohne Schwierigkeiten finden. Eine Rotunde bildet Eingangs- und Verteilungsraum zugleich und bezeichnet durch ihre eindeutige Form den Übergang von der allgemeinen Funktion zur speziellen. Drei Möglichkeiten eröffnen sich hier. Entweder läßt man sich verführen, die langgestreckte lichte Stützenhalle zu betreten, um die herum die Ausstellungssäle angeordnet sind, was immer derjenige tun wird, der gezielt und ohne Umschweife einzelne Abteilungen oder Gemälde aufsuchen möchte. Oder man wendet sich sogleich den Bildern zu, dann werden einem zwei verschiedene Möglichkeiten angeboten. Man kann den Rundgang rechts mit dem Multscher-Saal oder links mit dem Botticelli-Saal beginnen. Der Besucher bekommt den ersten Hinweis, daß die Sammlung nach Schulen geordnet ausgestellt ist. Daß die romanischen Schulen in Sälen südlich von Rotunde und Stützenhalle und die nordischen Schulen nördlich davon untergebracht sind, war keine gedankenschwere Absicht, sondern hat sich aus dem Umfang der Sammlungen und dem Zwang ergeben, vorhandene

alleled quality of illumination. This meant finding the right compromise between light intensity, the diffusion of light in space and the colour of the light. For light is decisive in giving an art gallery its necessary quality. Light is just as important here as the acoustics in a concert hall. The diffusion of light depends, in turn, on the shape and height of the room, and the way in which its shape not only determines the way in which works can be presented but also the receptivity of the viewers and their capacity to concentrate on the paintings. There is no room here for architectonic ideologies and architectural obsessions. It is merely a question of fulfilling requirements immanent to the task at hand.

It was very fortunate that two architects were commissioned with the planning who had grown up in Munich sharing this conception of an art gallery. Heinz Hilmer and Christoph Sattler thus had no great trouble in observing the requirements imposed by the museum: skylights, a clear overview in design and easy orientation for the visitors as well as rooms creating a wide variety of impressions. The visitor setting foot in the entrance hall has no difficulty in finding access to the *Gemäldegalerie* from the entrance level. A rotunda serves simultaneously as an entrance and distribution area. Its explicit form indicates the transition from the general to the particular function. Three possibilities open up here. Visitors can be enticed into entering the longitudinal, bright pillared-hall, around which the exhibition halls are arranged. Those who wish to find specific departments or paintings directly and without any detours will pursue this course. Alternatively, they can immediately turn to the paintings, in which case two distinct choices present themselves. They can choose the circular tour beginning with the »Multscher Hall« to the right, or take the »Botticelli Hall« to the left. Here, for the first time, visitors discover that the collection is arranged according to schools. The fact that the Romanesque schools are accommodated in the halls to the south of the rotunda and the pillared-hall and the northern schools are located in those to the north of it was not based on any sophisticated considerations, but determined by the sheer scale of the collections and the necessity of integrating the existing buildings. In the south-western corner of the gallery, the schools converge where the paintings of the 18th century are exhibited. Consequently, no matter which direction visitors decide upon, after passing through about half of the collection they will always come to the paintings of the 18th century.

Gebäude einbeziehen zu müssen. In der Südwestecke der Galerie begegnen und durchdringen sich die Schulen in Gestalt der Gemälde des 18. Jahrhunderts. D. h., in welcher Richtung man sich auch immer bewegt, nach Durchschreiten jeweils etwa der Hälfte der Sammlung erreicht man die Malerei des 18. Jahrhunderts. Diese bildet den zeitlichen Endpunkt des Sammelauftrags der Gemäldegalerie. Alles spätere gehört zum Bereich der Nationalgalerie. Es ergibt sich allerdings für den Besucher, der den vollständigen Rundgang – von der Rotunde bis zur Rotunde – abschreiten will, die Notwendigkeit, auf der einen Seite vom 14. bis zum 18. Jahrhundert »aufsteigen« und dann auf der anderen vom 18. zum 14. Jahrhundert »absteigen« zu müssen, wenn er nicht die Abkürzung durch die Stützenhalle wählt. Wer darin einen didaktischen Nachteil erblickt, hätte eine Ordnung nach Epochen in »aufsteigender« Linie vorziehen müssen. Wir haben das Für und Wider natürlich sorgfältig erwogen, sind aber schließlich wieder zu der Überzeugung gelangt, daß die Gliederung nach Schulen in der vorgesehenen Form dem speziellen

This is the latest period represented by the art collection in the *Gemäldegalerie*. Any works executed after this time belong to the domain of the *Nationalgalerie*. This also means, however, that any visitor wishing to walk around the entire gallery – from the rotunda to the rotunda – will have to »ascend« on one side from the 14th to the 18th century and then »descend« on the other side from the 18th to the 14th century, if they do not want to take the shortcut through the pillared-hall. Anyone who feels that this implies a didactic disadvantage would have had to arrange the works under epochs, i.e. in »ascending« order only. We obviously weighed up the pros and cons before finally returning to the conclusion that a classification in accordance with schools, as originally envisaged, best suited the special character of the Berlin *Gemäldegalerie*, which focuses on the history and fate of collections. This character will not – and, indeed, cannot – change in the future either, since with every day that passes important acquisitions are increasingly beyond the means of the museum. The more important a collection of historical art is, and the higher its quality, the sooner it will have

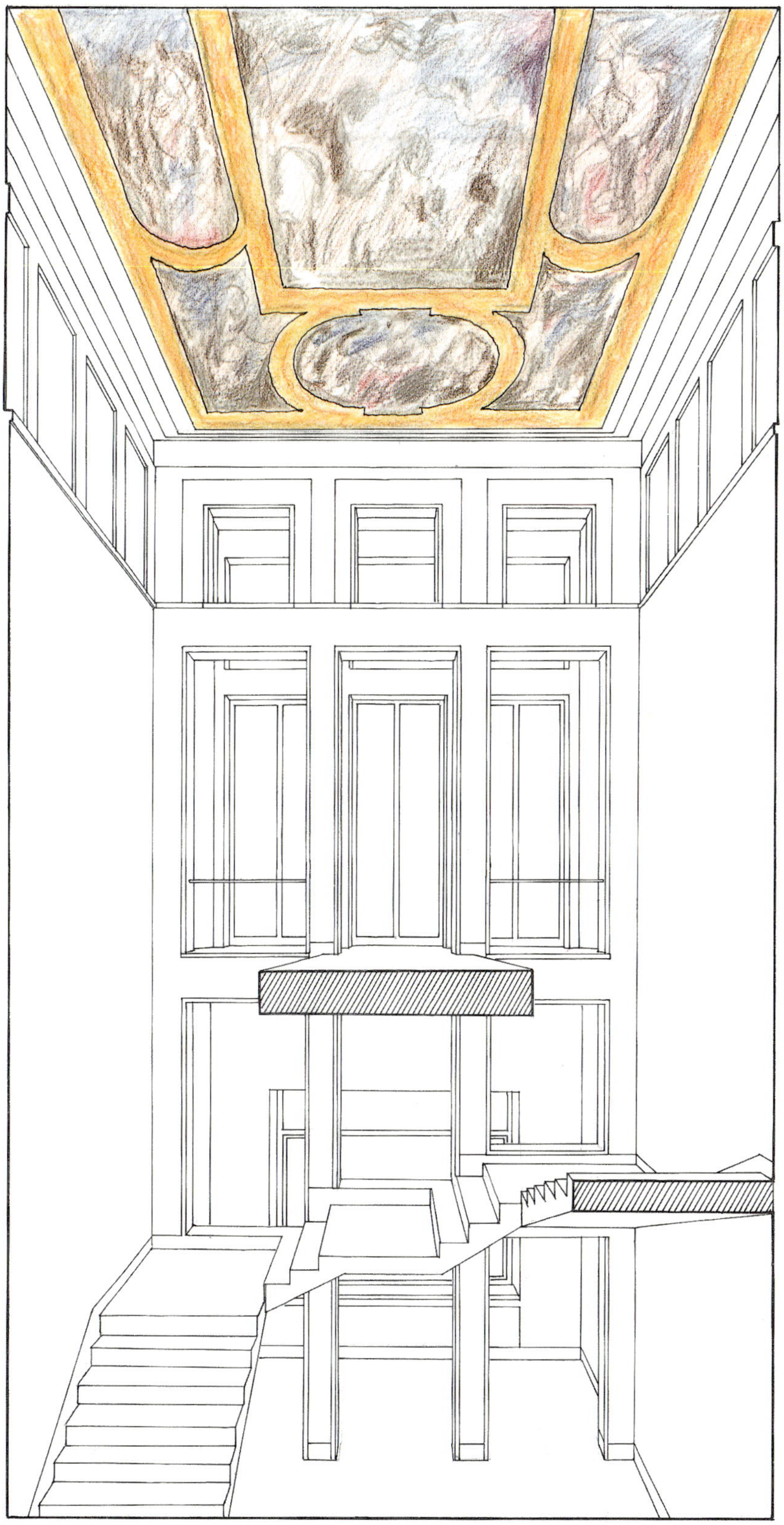

Schnittperspektive
des Ricci-Treppenhauses
Cutaway view of the
Ricci staircase

Charakter der Berliner Gemäldegalerie, von Sammlungsgeschichte und Sammlungsschicksal geprägt, am besten entspricht. Dieser Charakter wird sich in Zukunft nicht ändern, nicht verändern können, weil wesentliche Erwerbungen täglich mehr außer Reichweite geraten. Je bedeutender und qualitätvoller eine Sammlung historischer Kunst ist, umso früher wird sie endgültig von der uns aus dem 19. Jahrhundert überkommenen Doktrin Abschied nehmen müssen, daß ständiges Erwerben unabdingbare Voraussetzung eines lebendigen Museums sei.
In der Gemäldegalerie sind etwa 850 Gemälde im Hauptgeschoß ausgestellt. Wie in jedem Museum werden auch hier den Betrachtern mehr Objekte angeboten, als sie bei einem Besuch aufnehmen können. Um dieses Angebot für die Möglichkeiten und Bedürfnisse der verschiedenen Besucher zu strukturieren, hat Christian Wolters – der ehemalige Direktor des Doerner-Instituts in München, dem so viele wichtige Einsichten zum Bau von Museen zu verdanken sind – immer verlangt, den Besucher durch die Architektur so zu leiten, daß sich ein Kurzrundgang wie von selbst ergibt, ein Normalrundgang leicht aufzufinden ist

to abandon the doctrine, passed down from the 19th century, that repeated acquisitions are an absolutely essential precondition for a living museum.
Approximately 850 paintings are exhibited on the main floor. As in every other museum, the visitor is confronted with more exhibits than he can take in and appreciate in one visit. Christian Wolters, the former director of the Doerner Institute in Munich, to whom we owe so many insights on museum construction, has always insisted that the exhibits be structured to take account of the varied needs and receptive capacity of the visitors. He advocates guiding visitors through the building in such a way that they automatically take a short route, that a normal route is easy to find, and that an extended route has to be consciously sought. Considerations of this nature played a vital role in Hilmer & Sattler's design too. The visitor can take a short route through the succession of large halls grouped around the atrium, thus receiving an impression of the focal points of the collection, culminating in the large Rembrandt Hall, whose architecture stands out by merit of its octagonal form. This short

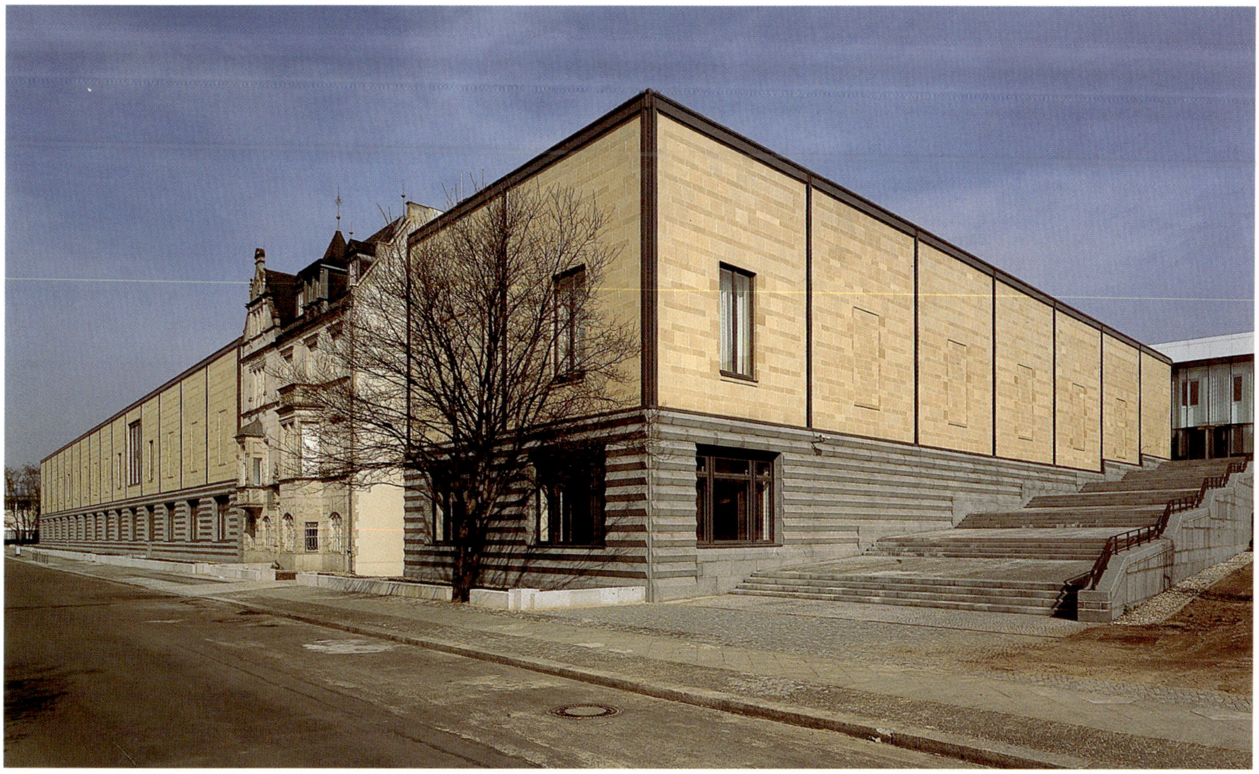

route is only one possibility, it is not suggested to the visitor, because long visual axes have been consciously avoided. Three large halls, at most, are linked by a long visual axis. The visitor is to feel encouraged to linger in one department and to visit the smaller halls allocated to that department. The small halls are arranged parallel to the large ones surrounding them. These halls are also illuminated by skylights. The homogeneity of the lighting underlines the equal status of the large and small halls, which together constitute the normal route round the exhibition. The *Studiengalerie,* with approximately 400 paintings, forms the extended route, which is to be found in the basement level. By taking all these aspects into account, Hilmer & Sattler's design clearly reveals its intrinsic qualities. They have demonstrated their ability to respond to all the demands placed on varied room sizes as determined by the needs of the collection. In so doing, they have not lost sight of the clarity of arrangement or sacrificed any of the tension, so difficult to describe, between symmetry and its metamorphoses. The atrium, which has been constructed as a pillared-hall

und ein erweiterter Rundgang aufgesucht werden muß. Diese Überlegungen sind auch für den Entwurf Hilmer & Sattler mit bestimmend gewesen. Der Besucher kann einen Kurzrundgang durch die Folge der um das Atrium gelagerten großen Säle machen und bekommt einen Eindruck von den Schwerpunkten der Sammlung, kulminierend in dem großen Rembrandt-Saal, der durch seine oktogonale Form architektonisch besonders herausgehoben ist. Dieser Kurzrundgang ist möglich, wird aber nicht suggeriert, weil längere Sichtachsen bewußt vermieden sind. Höchstens drei große Säle sind durch eine Sichtachse verbunden. Der Besucher soll sich aufgefordert fühlen, in einer Abteilung zu verweilen und zugleich die zu dieser Abteilung gehörenden kleinen Säle aufzusuchen, die parallel zu den großen außen um diese herum angeordnet sind. Auch diese besitzen Oberlicht. Die Homogenität der Belichtung betont die Gleichwertigkeit der großen und kleinen Säle, die zusammen den Normalrundgang bilden. Den erweiterten Rundgang bildet mit ca. 400 Gemälden die Studiengalerie, die im Untergeschoß aufge-

tapering from east to west, with its four corners conceived as diversely designed openings, establishes the motif.

All of the openings are arranged in accordance with visual reference points, which clearly demonstrate the scale of the building and its surroundings: on one of the narrow sides one has a view of the rotunda and the central entrance hall behind it. Next to the hall, the visitor has a view of an oriel and the inner court behind it, the so-called Villa Parey. The other narrow side provides a diagonal view through the symmetrical octagonals and the halls behind them, extending to the corners of the building and into the outside surroundings. The south-eastern hall gives visitors a view of the *Nationalgalerie*. Furthermore, 3 loggias in the north, south and west axes complete the orientation system in relation to the surroundings. The internal sequence of the large halls is not directly affected. This sequence opens up, through six doors, into the atrium, whose relationship to the external world contrasts – due to the light falling directly through the domes – with that of the diffusely lit halls. This feature, together with the alternating hall sizes and the colour variations chosen for the velvet wall cladding ensures

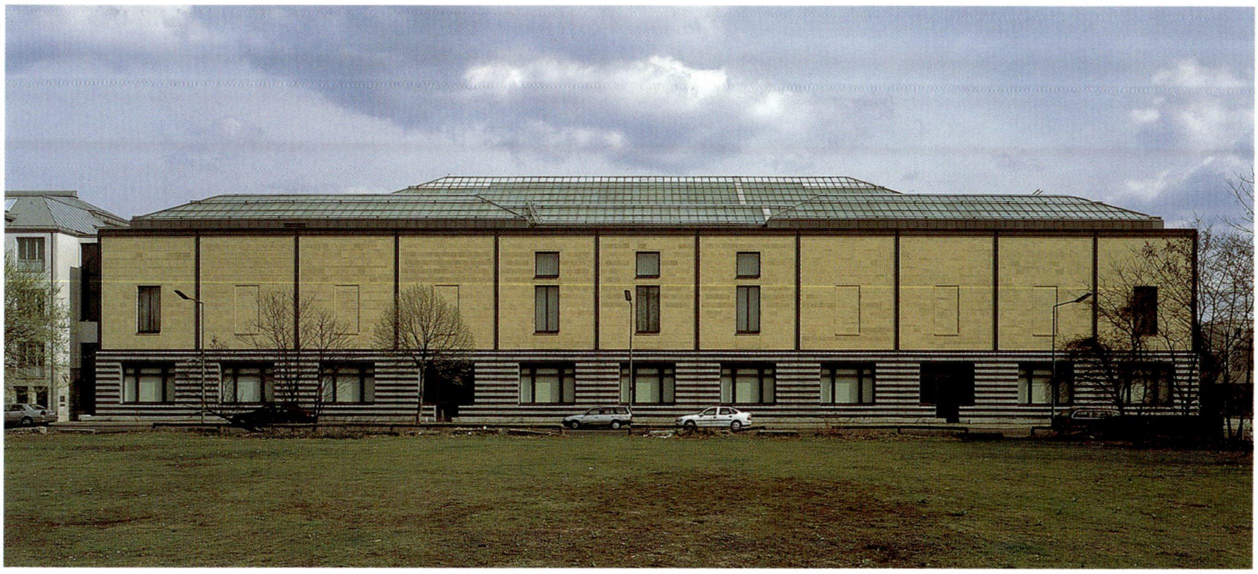

sucht werden kann. Bei all diesen Überlegungen hat der Entwurf Hilmer & Sattler für uns die ihm innewohnenden Qualitäten bewiesen. Er vermochte auf alle Forderungen an die Variation der Raumgrößen, wie sie sich im Detail aus den Bedürfnissen der Sammlung ergaben, zu reagieren, ohne an Klarheit der Disposition zu verlieren und ohne Einbußen der schwer zu beschreibenden Spannung zwischen Symmetrie und deren Abwandlung zu erleiden. Das als Stützenhalle ausgebildete, sich von Ost nach

that visitors are offered sufficient variety to counteract fatigue. The paintings have been given an appropriate ambience that will preserve their vitality and radiating power, leaving them undisturbed by requirements alien to the essence of art. According to the painter Georg Baselitz: »The feeling of helplessness vis-à-vis art is not overcome by attributing to them a mediating function, presenting their use and trivialising them.« And he continues: »Art works do not contain any information, at least no more than they have ever done in the past, they cannot be used or viewed in any other way. And for this they need space, walls and light.«
The fact that one cannot view art under more appealing conditions anywhere else in the world is the great merit of the two architects

West verjüngende Atrium mit seinen vier als unterschiedlichen Öffnungen ausgebildeten Ecken gibt das Motiv vor.
Alle Öffnungen sind auf Sichtbeziehungen angelegt, welche die Größe des Gebäudes und seine Umgebung spürbar werden lassen: an der einen Schmalseite der Blick in die Rotunde und die dahinter liegende zentrale Eingangshalle, daneben der Blick in einen Erker und zum dahinter liegenden Innenhof, der sogenannten Villa Parey. An der anderen Schmalseite geht der Blick durch symmetrisch geformte Oktogone diagonal durch dahinter liegende Säle zu den Gebäudeecken mit Ausblick ins Freie. Mit Möglichkeit des Ausblicks auf die Nationalgalerie ist der Südostsaal versehen. Drei Loggien in den Gebäudeachsen nach Norden, Süden und Westen vervollständigen das Orientierungssystem nach außen. Die innere Folge der großen Säle ist davon nur mittelbar berührt. Sie öffnet sich durch wiederum sechs Türen zum Atrium, das mittels durch Kuppeln direkt einfallenden Lichtes eine andere Beziehung zur Außenwelt erhält als die Säle mit ihrem diffusen Licht. So ist zusammen mit den wechselnden Saalgrößen und den farblich unterschiedlichen Samtbespannungen der Wände gewährleistet, daß soviel Abwechslung für das Publikum geboten wird, wie notwendig ist, um der Ermüdung entgegenzuwirken. Die Gemälde aber erhalten, ungestört von ihnen fremden Bedürfnissen, das Ambiente, das sie benötigen, um ihr Leben und ihre Strahlkraft zu entfalten. »Die Ratlosigkeit gegenüber der Kunst wird nicht abgebaut, indem man ihr Vermittlungscharakter unterschiebt, ihren Gebrauch vorstellt und sie trivialisiert.« So sagt der Maler Georg Baselitz und fährt fort: »Die Kunst enthält keine Informationen, zumindest keine mehr als je, sie ist in keiner anderen Weise benutzbar als betrachtbar. Dafür braucht es Raum, Wände und Licht.«
Daß die Kunst betrachtbar ist, so schön wie in keiner anderen Galerie der Welt, ist das große Verdienst der Architekten Heinz Hilmer und Christoph Sattler sowie des Tageslicht-Ingenieurs Hanns Freymuth, der sich noch einmal selbst übertraf. In der neuen Gemäldegalerie leuchten die Bilder in ungeahnter Pracht. Viele Besucher werden die großen Kunstwerke ganz neu, weil so noch nie gesehen, erleben. Zum ersten Male überhaupt wird man die Sammlung der Gemäldegalerie unter einem Dach betrachten können. Es ist die Wiedergeburt einer der bedeutendsten Sammlungen der Welt.

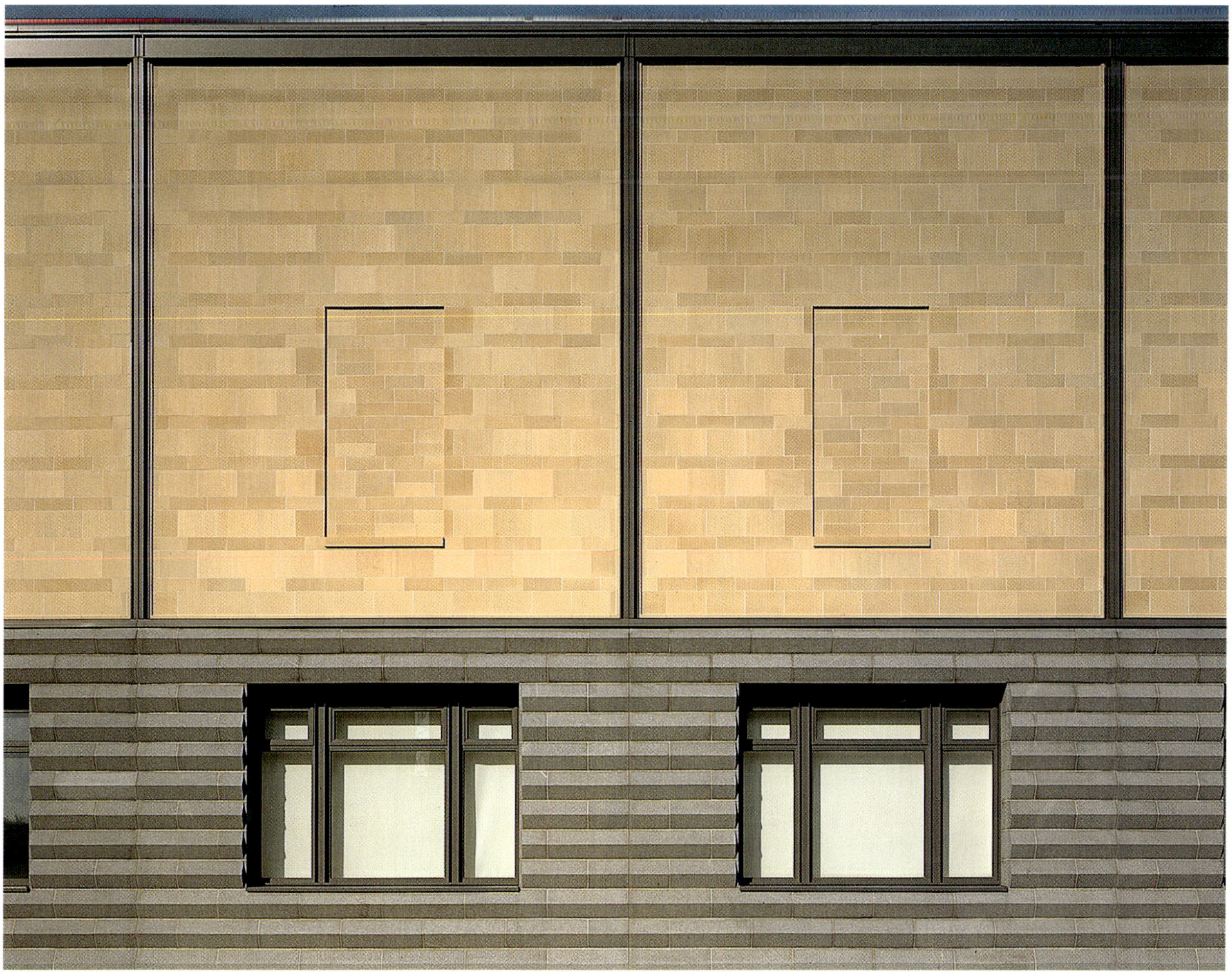

Heinz Hilmer and Christoph Sattler as well as the daylight engineer Hanns Freymuth, who has excelled himself yet again. The paintings exhibited in the new *Gemäldegalerie* glow in undreamed-of splendour. Many of the visitors will experience the great works of art in a way they have never done before, because this is the first time they have ever seen them presented like this. And everyone will be able to see the entire *Gemäldegalerie* collection under one roof for the very first time. It is the renaissance of one of the most important collections in the world.

Hilmer & Sattler

Vier Wände und Oberlicht

Eine Galerie für Gemälde aus der Zeit des Mittelalters bis zum ausgehenden 18. Jahrhundert hat in unserer Vorstellung grundsätzlich zwei Aufgaben: erstens die sorgfältige Erhaltung, Bewahrung und wissenschaftliche Erforschung der kostbarsten Gegenstände einer Kultur und zweitens die ideale Präsentation der Bilder für die interessierten Betrachter.
Die zwei Funktionen – die des introvertierten, geschützten Schatzhauses und die der publikumsorientierten, offenen Galerie – verursachen widersprechende Planungsansätze.
Etwa: Das Bedürfnis nach einer Lichtfülle, die möglichst alle Farbnuancen auf der Bildoberfläche erkennen läßt, widerspricht der konservatorischen Forderung nach Lichtschutz. Alle Wellenlängen und besonders deren ultravioletter Anteil zerstören die Bilder durch Ausbleichen. Oder: Der Reiz räumlicher Abwechslung und architektonischer Typenvielfalt drängt sich in den Vordergrund und läuft der Konzentration des Besuchers bei der Betrachtung der Gemälde zuwider.
Die Auseinandersetzung mit diesem Spannungsverhältnis entge-

Hilmer & Sattler

Four Walls and a Skylight

A gallery for pictures ranging from the Middle Ages until the end of the 18th century has, as we conceive it, basically two tasks: firstly, to be meticulous in the care taken of these most valuable examples of cultural life, to maintain them and to allow academic research into them; secondly, the gallery should ensure an ideal presentation of the pictures for interested visitors.
However, these two functions – the closed, protective treasure house and the open, public orientated gallery – require contradictory starting points when planning. A simple example of this is light: in order to show as much color nuance in a picture as possible the light needs to flood in, yet this contradicts all the requirements for conservation of pictures from too much light since pictures are damaged by the bleaching effect of all wavelengths of light, especially by ultra-violet. A further example is in how a desire for spatial variation and architectural variety can become a primary concern and distract a visitor from the concentration needed to appreciate a picture thoroughly.
The architectural form of the new gallery has been shaped in the

Im Hintergrund
das Wissenschaftszentrum
von James Stirling
In the background
the *Wissenschaftszentrum*
by James Stirling

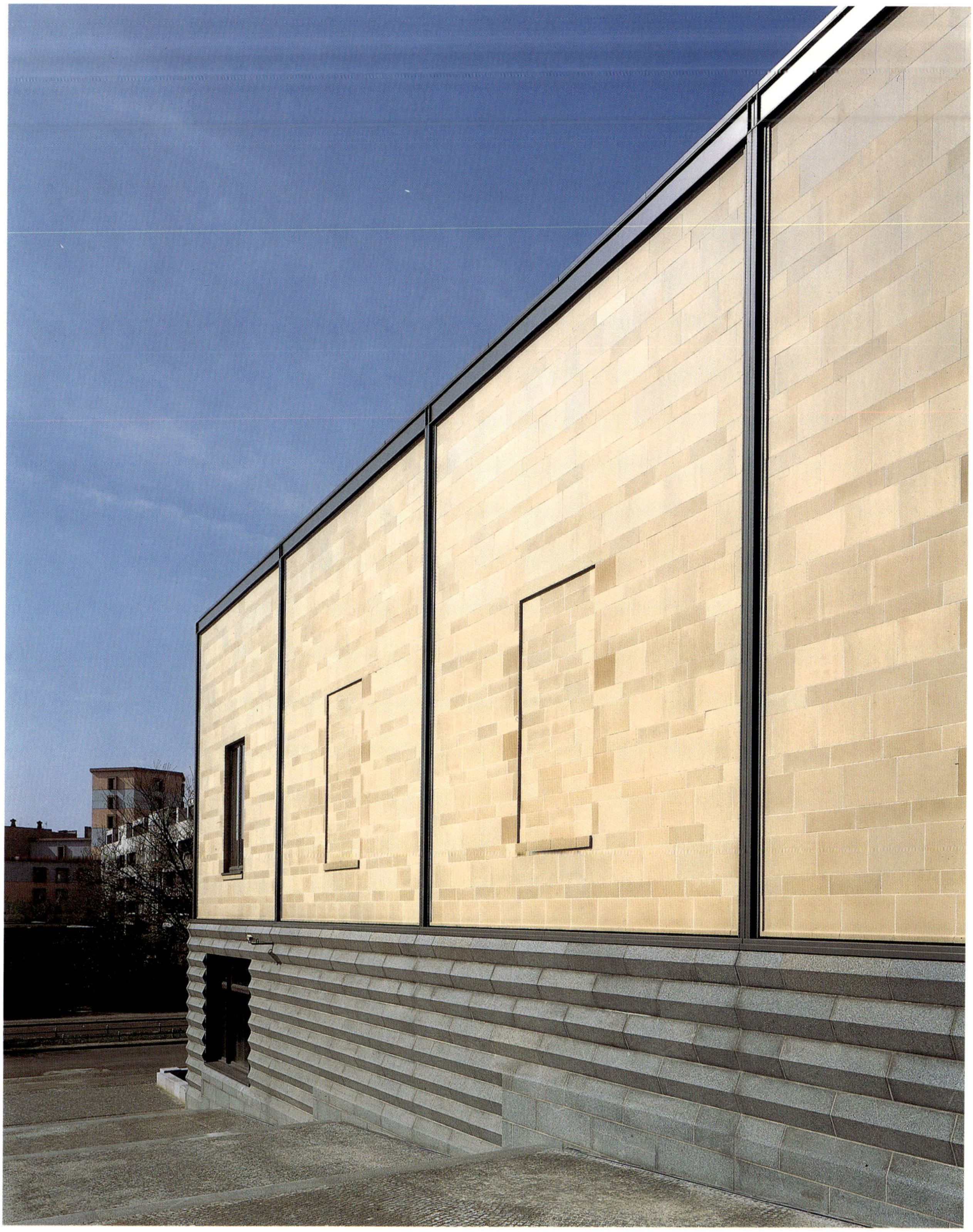

gengesetzter Anforderungen, prägt die architektonische Gestalt der neuen Galerie.
Und dennoch bleibt trotz der Größe und Vielschichtigkeit der Bauaufgabe die einfache Maxime für die Präsentation von Bildern bestehen, die Georg Baselitz 1978 formuliert: »Vier Wände und Oberlicht«.
Es ist ein reines Tageslichtmuseum entstanden. Diese Bauherrnvorstellung Wolf-Dieter Dubes, für die wir Architekten ihm dankbar sind, entstand bei der Planung der neuen Pinakothek in München Ende der 70er Jahre, wurde für den Berliner Bau optimiert und unterscheidet sich von all den vielen Museumsneubauten der letzten Jahrzehnte, die durchwegs eine Kombination von Tages- und Kunstlicht oder reines Kunstlicht aufweisen. Eine völlig gleichmäßige, künstliche Raumausleuchtung läßt die Bilder jedoch verstummen.
In der neuen Galerie dringt Tageslicht durch riesige flachgeneigte Glasdächer aus allen Himmelsrichtungen, schließlich zum Schutz der Bilder mehrfach gefiltert und durch hohe Vouten gleichmäßig gestreut in die Ausstellungsräume; dies in einer Weise, die Jah-

course of this struggle with contradictory needs. Nonetheless, despite the gallery's size and architectural complexity, we can still find in it Georg Baselitz's simple maxim from 1978 on how best to present pictures: ›Four walls and a skylight‹.
The result is a museum full of sheer daylight. This was the idea the developer, Wolf-Dieter Dubes worked with when planning the new *Pinakothek* gallery in Munich at the end of the 1970's. It's an idea which we architects are very grateful for and it has been optimized for the Berlin building. Herein lies the difference to all those many other new museum buildings constructed over the last decades, which use either a combination of daylight and artificial light, or artificial light alone. A room full of completely even, artificial light, however, deadens the pictures.
Daylight pours into the new gallery through vast, low-angled glass roofs, set at all different directions, with a series of filters to protect the pictures and inclined haunches which spread the light evenly through the exhibition rooms. The quality of light still allows us to

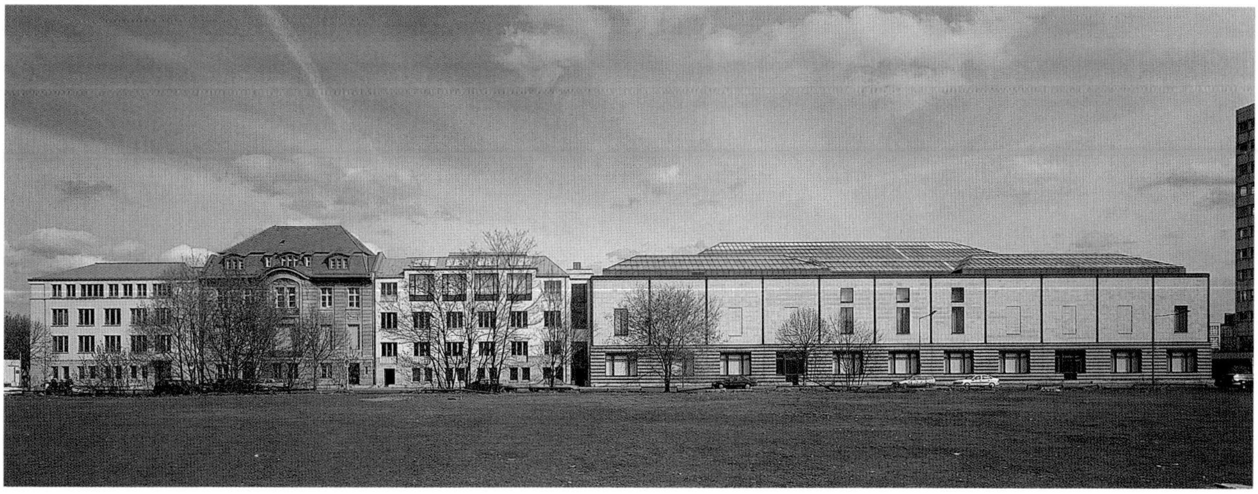

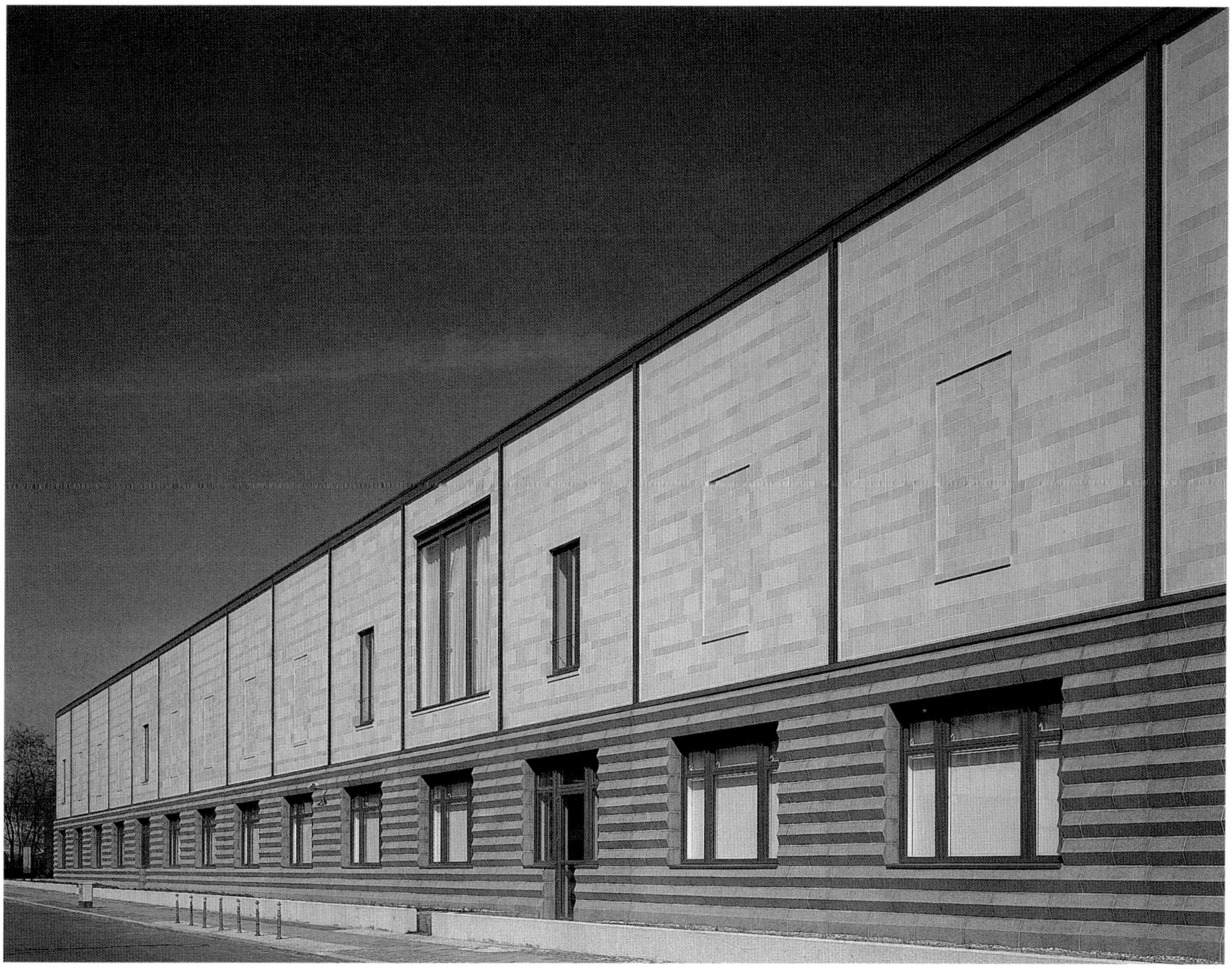

reszeit, Tageszeit, Sonnenstand, Wolkenbildung und Witterungszustand erkennen läßt.
In die zentrale Pfeilerhalle dagegen fällt Zenitlicht ungehindert durch die 32 runden Öffnungen in den flachen Kappengewölben. Durch diese direkten Lichtquellen entstehen Hell- und Dunkelwirkungen, bei Sonne Lichtflecken auf Boden und Wand, die den bewegten Kontrast zur equilibrierten Lichtführung in den Ausstellungsräumen schaffen. Auch die Eingangsrotunde erzeugt durch die rotierende Sechseckstaffelung von Glasbausteinfeldern einen eher dramatischen Tageslichteinfall.
Eine reine Tageslichtgalerie somit, mit einer gelassenen Abfolge von Oberlichtsälen auf einer Ebene, die sich in doppelter Reihung um eine zentrale Pfeilerhalle gruppieren – der klassische Palazzotypus.
Eine chronologische Gegenüberstellung von Museumsgrundrissen verdeutlicht architektonische Zusammenhänge und Provenienzen:
Dulwich, die erste reine Bildergalerie mit Oberlicht für die Hauptsäle, kannte Schinkel von einer Englandreise.
Klenzes Grundriß der Alten Pinakothek zeigt mittig die Abfolge der großen Säle, im Norden die Seitenlichtkabinette und im Süden

judge the season, the time of day, position of the sun, amount of clouds and general weather conditions.
In contrast, light pours unimpeded into in the central columned hall through the 32 round apertures in the low vaulted ceiling. This direct source of light allows the interplay of shadow and brightness, with patches of sunlight on walls and floor, creating a lively contrast to the balanced light in the exhibition rooms. The rotunda at the entrance, too, creates a rather dramatic daylight effect using the staggered hexagonal sequence of glass brick areas.
Hence, this is a sheer daylight gallery in the style of the classical Palazzo type, with a simple sequence of skylighted rooms on one level, grouped in a double row around a central columned hall. The architectural connections and origins become even clearer when we look at the chronological development of museum design:
Dulwich was the first gallery with skylights only in the exhibition rooms. Schinkel was familiar with it from his visit to England.
Klenze's ground plan for the *Alte Pinakothek* in Munich is centered around the sequence of large rooms; to the north side are the smaller

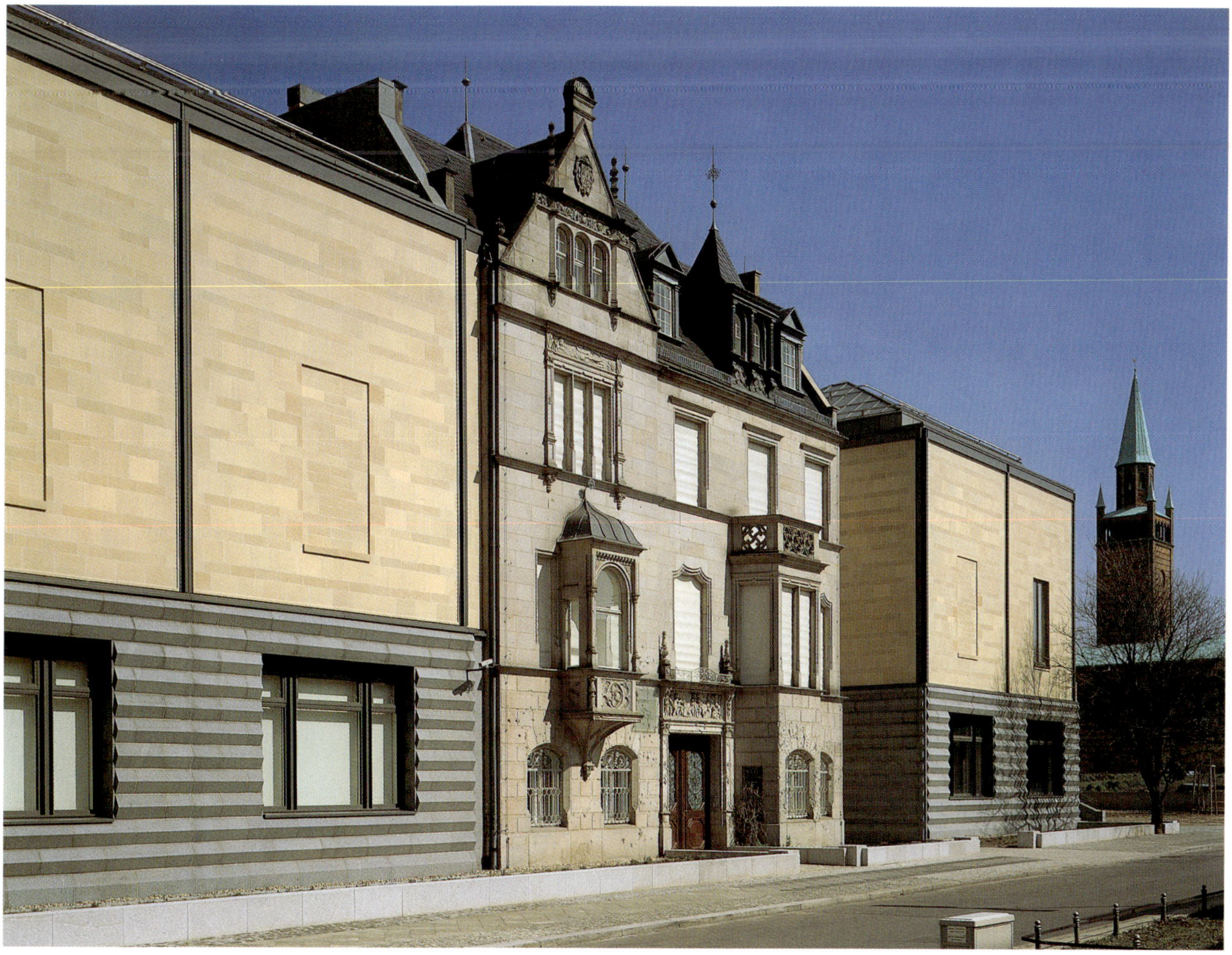

– hier beruft er sich ausdrücklich auf Vasaris Loggienring in den Uffizien – eine Loggia, in der keine Bilder hängen. In einem Schreiben teilt Klenze seinem König untertänigst mit: »Man soll über die Loggia zu jeder Abteilung der Sammlung unmittelbar und ohne zuvor durch den Anblick anderer Bilder gestört und ermüdet zu werden, gelangen können.« Verdoppelt man Klenzes Grundriß-

exhibition rooms with side lights and to the south there is a loggia, with no pictures in it – and here Klenze makes use of an explicit reference to Vasari's circle of loggias in the *Uffizi* in Florence. In one of his letters to the Bavarian monarch, Klenze writes with suitable servility that ›One ought to be able to reach directly every part of the collection via the loggia without first being distracted and exhausted

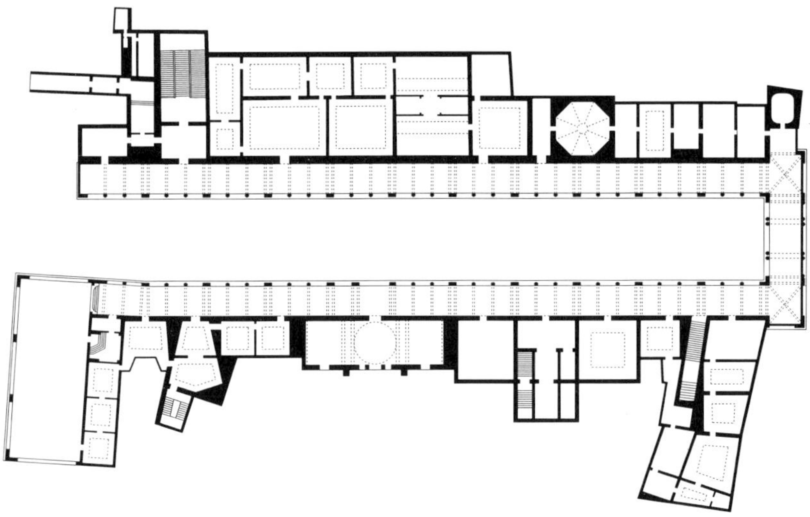

Uffizien,
Florenz 1550,
Giorgio Vasari

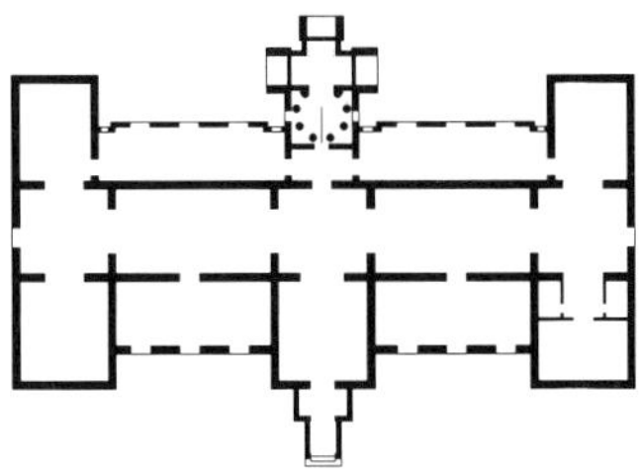

Dulwich Picture
Gallery,
London 1811,
John Sloane

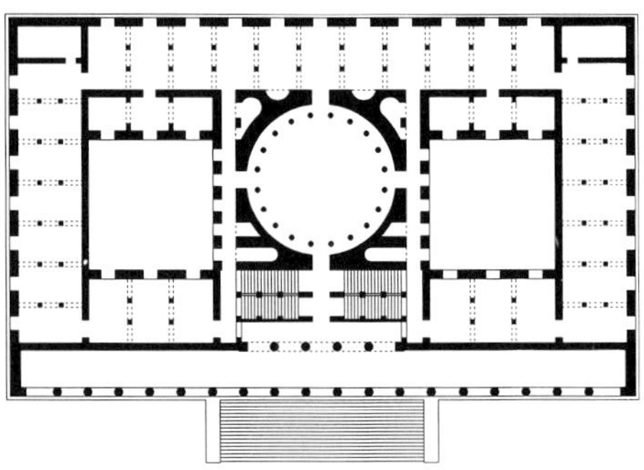

Altes Museum,
Berlin 1825,
Friedrich Schinkel

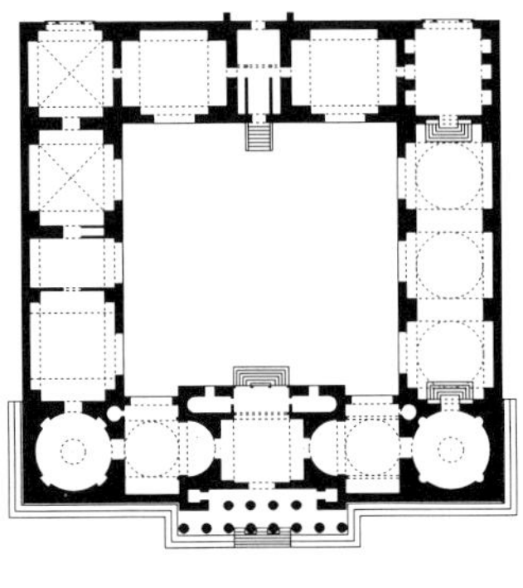

Glyptothek,
München 1826,
Leo von Klenze

Alte Pinakothek,
München 1826,
Leo von Klenze

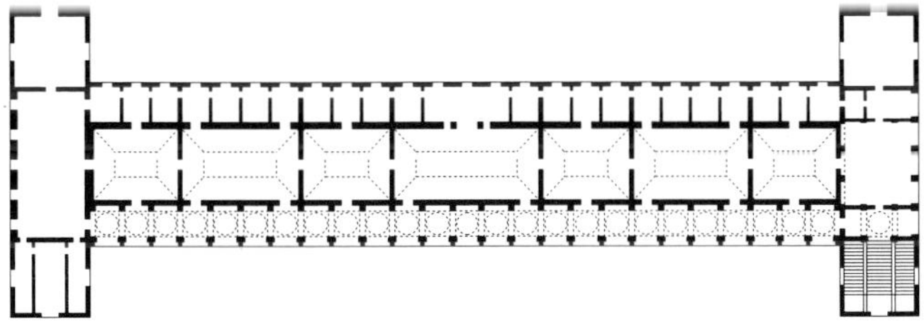

Kunsthistorisches
Museum,
Wien 1872,
Gottfried Semper,
Karl von
Hasenauer

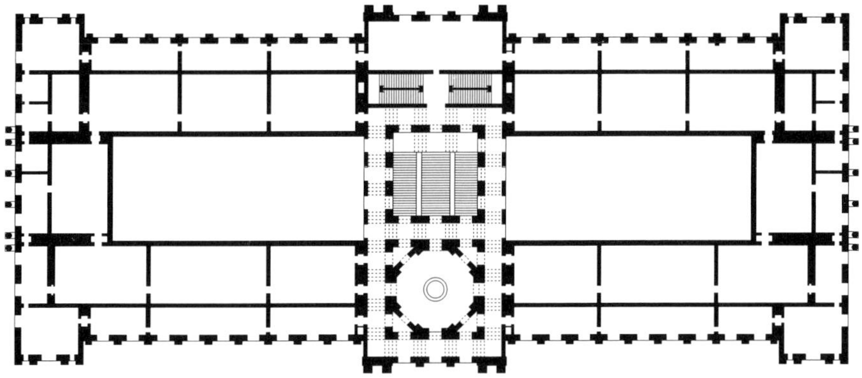

National Gallery
of Scotland, 1850,
William Henry Playfair

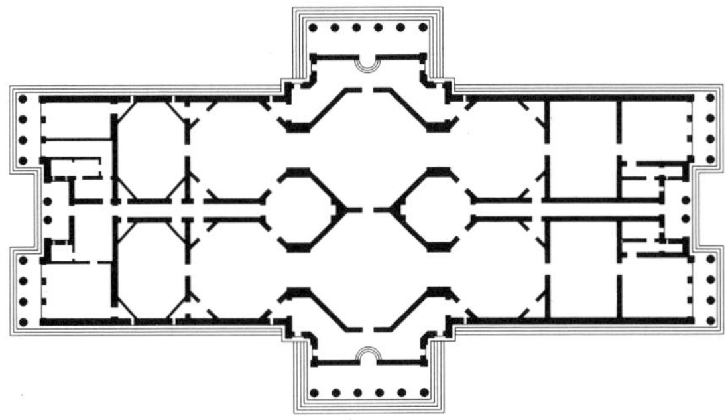

Gemäldegalerie,
Berlin 1986–1997,
Hilmer & Sattler

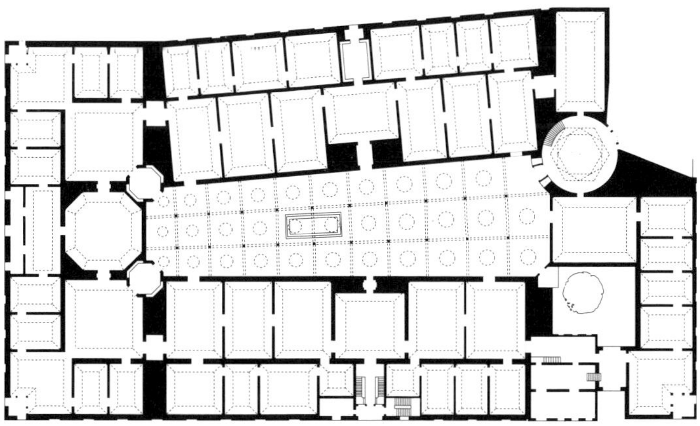

Alle Grundrisse M 1:1500 — all floorplans scale 1:1500

struktur, so entsteht das Schema der Berliner Gemäldegalerie. Die Funktion der Loggia entspricht der der Pfeilerhalle.
Die Glyptothek beruht auf dem Palazzotypus und erhielt aufgrund der Neugestaltung des Hofes durch Joseph Wiedemann in seiner Mitte einen Publikumsraum für schöne Tage.
Das Wiener Kunsthistorische Museum steigert die Doppelreihung von Oberlichtsälen und Seitenlichtkabinetten der Alten Pinakothek zu monumentalen Ausmaßen.
Die Nationalgalerie von Schottland scheint – wie das kleine Dulwich – auszukommen ohne ein zusätzliches, von den Sälen sich unterscheidendes Raumelement wie es die Loggien der Uffizien und der Pinakothek, die Rotunde des Alten Museums, der Hof der Glyptothek, das Treppenhaus des Kunsthistorischen Museums und die Pfeilerhalle der Gemäldegalerie sind.
Letztere betritt man von Rolf Gutbrods Eingangsbereich der Museen am Kulturforum in ihrer gänzlich anders gearteten architektonischen Haltung über eine Rotunde.
Diese Verbindung verläuft nicht axial zum Neubau, sondern erschließt diesen aufgrund von Gutbrods Vorgaben der Eingangs-

by viewing other pictures.‹ If Klenze's ground plan is doubled, then we have the form of the *Gemäldegalerie* in Berlin where the function of the loggia corresponds to the columned hall.
Munich's *Glyptothek* (collection of sculptures) is based on the Palazzo model and with Joseph Wiedemann's re-design of the courtyard, the centre has been given a public space for sunny weather.
The *Kunsthistorische Museum* (Art History Museum) in Vienna increases the double rows of skylighted exhibition rooms and rooms lit from the side as in Munich's *Alte Pinakothek* until it achieves a monumental effect.
Like the small gallery in Dulwich, the Scottish National Gallery appears to manage without an extra spatial element, in addition to the exhibition rooms, as is the case with the loggias in Florence's *Uffizi* and Munich's *Pinatothek*, the rotunda of the *Alte Museum*, the *Glyptothek*'s courtyard, the stairwell in Vienna's *Kunsthistorischen Museum* or the columned hall of the *Gemäldegalerie*.
The *Gemäldegalerie* is entered via a rotunda from the access area, designed by Rolf Gutbrod, around the *Kulturforum* museums with their completely different architectural emphasis.

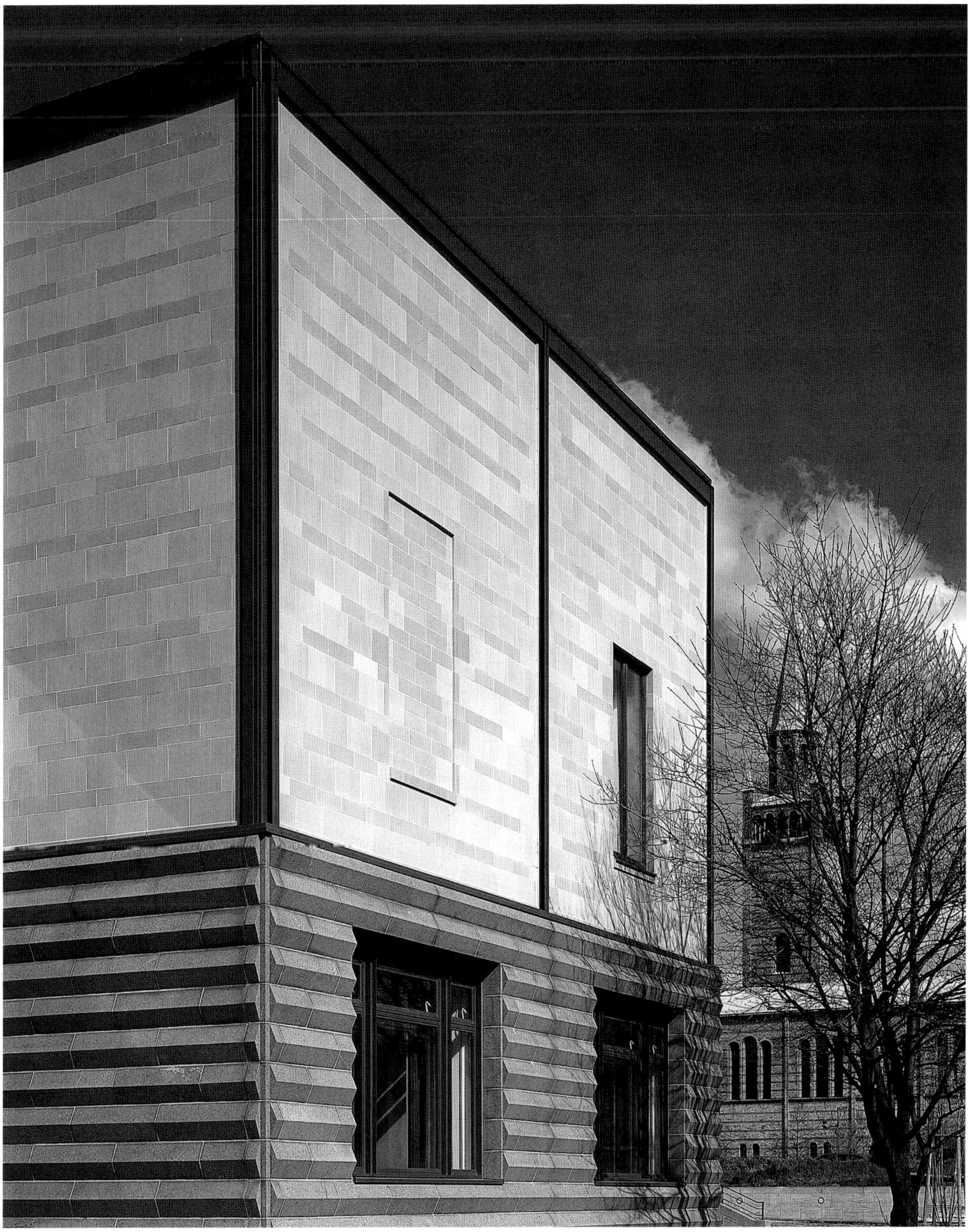

halle über die Diagonale. Die Geometrie der Rotunde und der Halle überlagern sich an einer der Hallenecken. Diese Übereckerschließung führt im Entwurf – manieristisch – zu einer konischen Aufweitung der Halle, die eine gewollte, kaum merkliche perspektivische Verlängerung, beziehungsweise von der entgegengesetzten Seite eine verkürzende Wirkung des Raums zur Folge hat. Ausgelöst sind durch den diagonalen Zugang ebenso die Sichtbezüge in den drei weiteren Hallenecken: der Blick in den kleinen Innenhof der erhaltenen Villa Parey auf die alte Kastanie und die beiden Sicht- und Wegefluchten über zwei kleine Oktogone zu den Ecken des Hauses.
Von der Rotunde bieten sich Einblick und Zugang in die Sequenz der Säle links und rechts um die Pfeilerhalle in Rundgänge, die der Gliederung des Sammlungsbestandes in süd- und nordalpine Schulen entsprechen. Man kann sich jedoch ebenso aus der Rotunde in die Halle begeben und von dort etwa Gainsborough direkt ansteuern, falls man den Rundgang durch die sehr große Galerie vermeiden will.
In großen Museen entsteht schnell das Problem der Orientierung.

Hoffassade
Courtyard facade

This connection does not run symmetrically to the new building, but based on Gutbrod's design of the entrance area, the diagonal is used to approach it. The geometric pattern of the rotunda and the entrance hall overlap at one corner. The design for this overlap – in a manneristic way – gives an opening perspective to the hall, resulting in a deliberate, though hardly noticeable, optical extension of the space or, seen from the opposite side, brings a foreshortening effect into play. The diagonal line enables connecting views from the other three corners of the hall: into the small inner courtyard of the well-preserved Villa Parey, the old chestnut tree, and, via two octagons, to the corners of the building and further into the distance.
From the rotunda we are offered a view of the sequence of exhibition rooms to the left and right of the columned hall, corresponding to the division of the collection into artistic schools north and south of the Alps. The visitor can either begin their tour of these pictures from the rotunda or else move into the hall and from there directly approach, for example, the Gainsborough, if one wants to avoid the complete tour through the extremely large gallery.

Hoffassaden der Direktionen
Courtyard facades of the administration villas

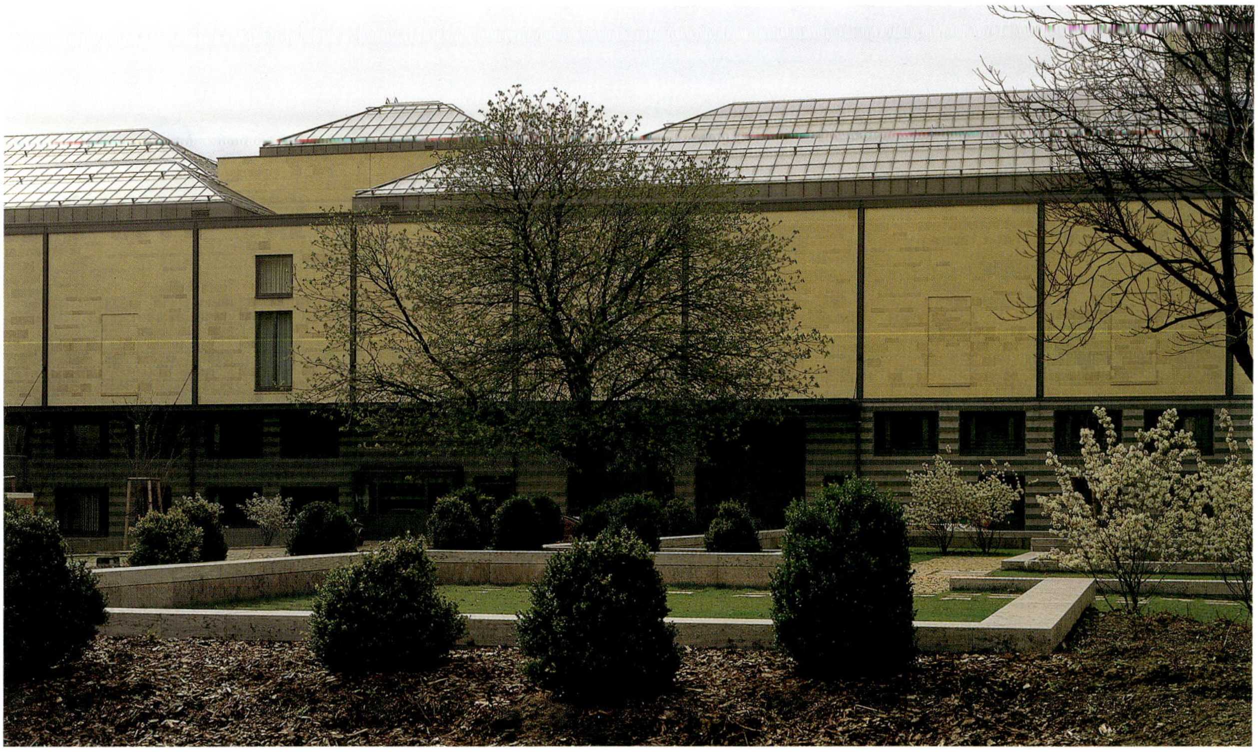

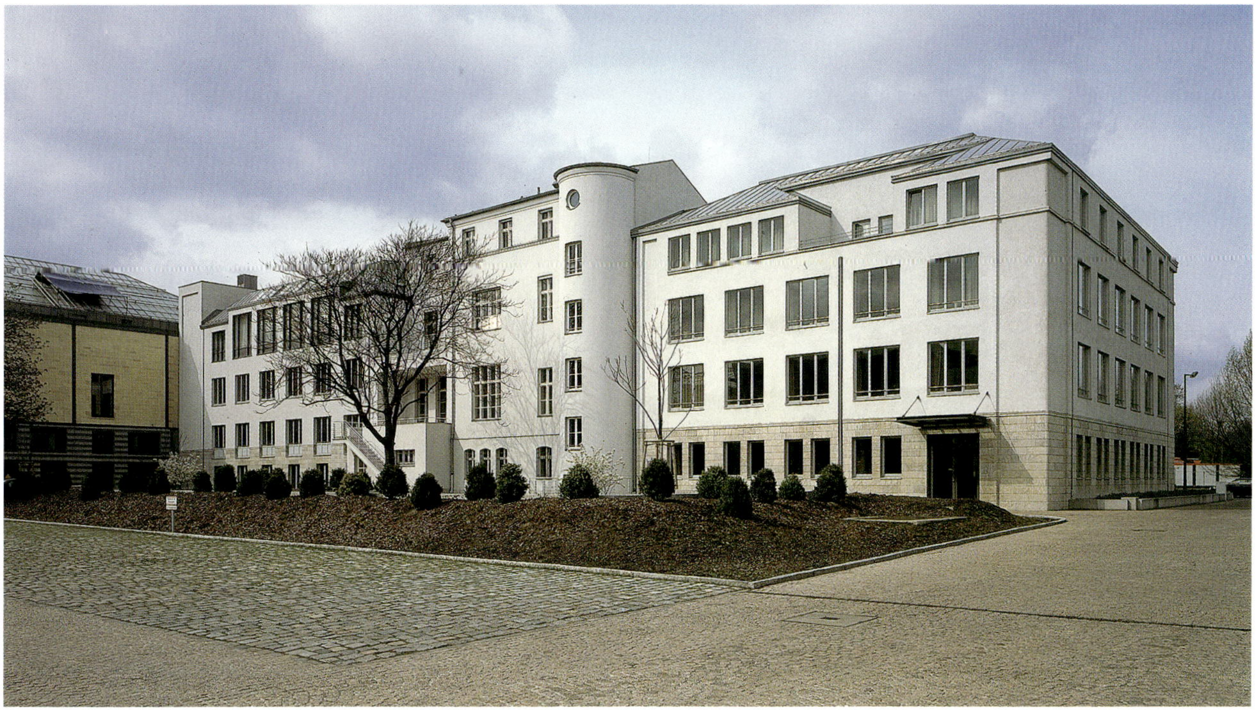

Nach dem vierten oder fünften Saal verliert man sich im Labyrinth der Räume. Die mittige Pfeilerhalle, zu der spätestens jeder vierte Hauptsaal eine Verbindung besitzt, dient somit der Klärung der räumlichen Zusammenhänge. Sie ist Treffpunkt für Einzelne und Gruppen, der Ort für die Unterbrechung des Rundgangs und zur Information und Reflexion über die Bilder. Durch die Pfeilerreihung, einem Architekturelement, das in der langen Abfolge der Säle sonst nicht auftaucht, entsteht nicht der Typus des Versammlungssaales für große Veranstaltungen, sondern der der Wandelhalle, in der sich die unterschiedlichen Bewegungen und Verhaltensweisen der Menschen in der Galerie entfalten. Inmitten der Pfeilerhalle befindet sich in einem flachen Wasserbecken die 5-7-9 Skulptur von Walter de Maria als für immer einziges Kunstwerk aus dem späten 20. Jahrhundert, das – wie die Besucher – den Bildern vergangener Jahrhunderte begegnet. Das Wasser dringt gleichmäßig über den Beckenrand und verursacht, indem es in die umlaufende Rinne fällt, ein leises Plätschergeräusch in der Halle.
Die Ausstellungssäle und die angrenzenden Kabinette haben eine Höhe von neun und sechs Metern. Sie sind bestimmt durch Wand-

In extensive museums, one quickly loses a sense of direction; after the fourth or fifth room the visitor is lost in a labyrinth of exhibition rooms. The columned hall in the centre of the museum connects with at least every fourth room and thus offers assistance in the overview of how the rooms are connected. It is a meeting-point for individuals and groups, a place for taking a break during a tour of the building, and ideal for gathering information and thoughts on the pictures seen.
The row of columns is an architectural element found nowhere else throughout the rooms. Rather than lending the columned hall the air of being a place for large gatherings, the columns create the impression of a foyer, where the various different ways in which people move and behave when in a gallery have space to unfold. Located in a large flat water basin in the center of the columned hall is the forever unique sculpture 5-7-9 by Walter de Maria; an art work from the late twentieth century meets the pictures of the past century – just in the same way the gallery's visitors do. The water fills the hall with a slight splashing sound as it flows evenly

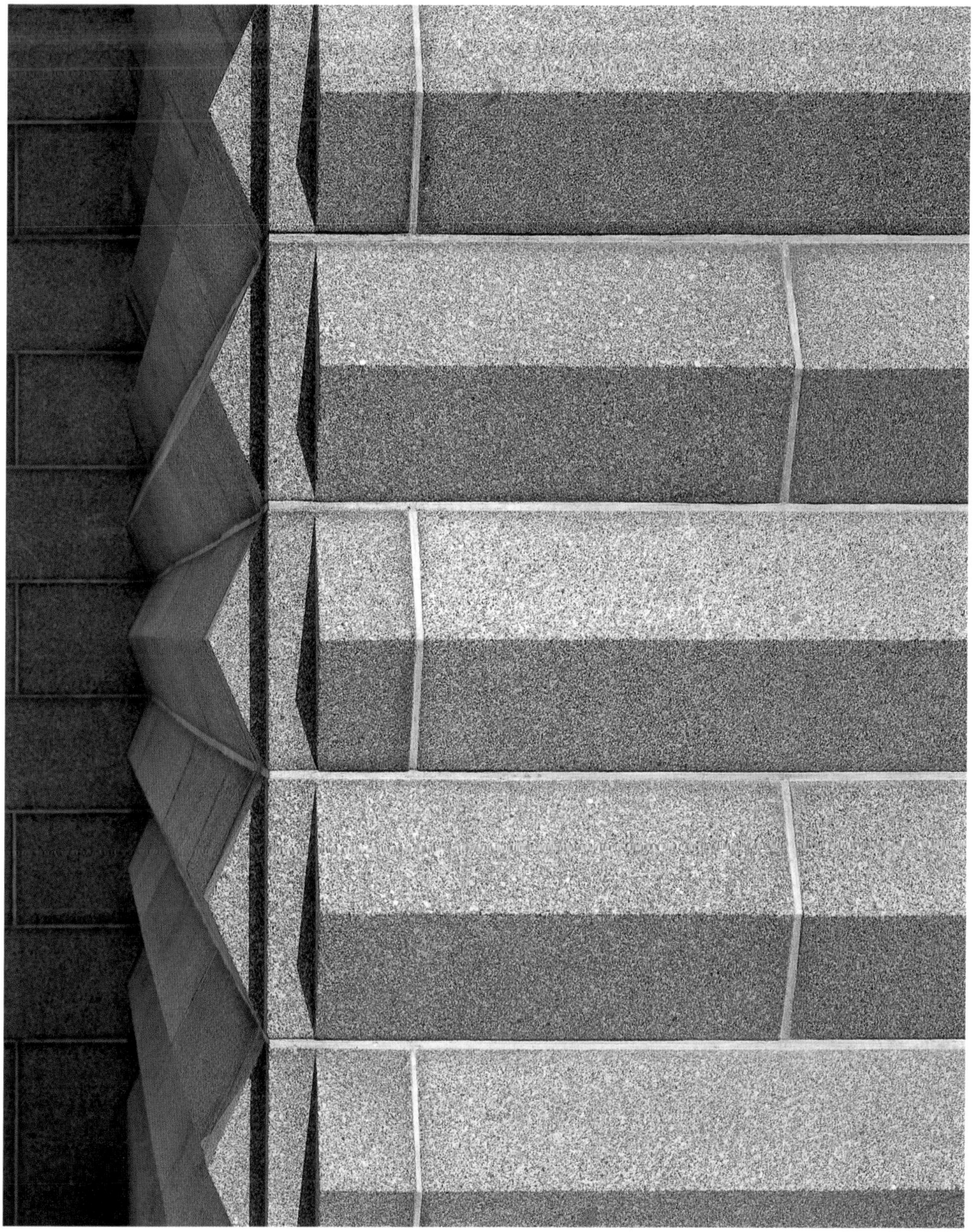

bespannungen in lichtschluckendem roten, blauen, grünen und grauen Samt bis in 2/3tel der Raumhöhe und anschließend durch hohe Vouten in weißem Putz. Die genau berechnete Voutenkrümmung dient weniger der Assoziation mit Galeriegebäuden des 19. Jahrhunderts, als der optimalen Lichtstreuung, die den natürlichen Abfall der Lichtintensität vom oberen Wandrand zum Boden auf ein Minimum reduziert. Ein geschwungenes Gesimsprofil für Kunstlicht und Hängevorrichtungen verläuft zwischen Bespannung und Voutenansatz. Sockel und Türgewände bestehen aus profilierten Betonelementen. Die vielfach filternde Glasfläche und das geräucherte Eichenparkett, das relativ dunkel erscheint, um Reflexe in Höhe der Bilder zu vermeiden, bilden Decke und Boden der Säle.
In ihrer städtebaulichen Figur bezieht sich die Gemäldegalerie nicht auf das offene und fließende Raum- und Bautenensemble von erratischen Unikaten am Kulturforum, an Scharouns Philharmonie und Staatsbibliothek, an Mies van der Rohes Nationalgalerie und Gutbrods Piazzetta. Diese Offenheit aus der Vorstellungswelt der 50er Jahre wird ihre ehemalige Verlorenheit an der Peripherie West-Berlins, durch das Heranrücken der verdichteten Innenstadt um den Pots-

over the edge of the fountain basin and gently tumbles into the surround below.
The exhibitions rooms and bordering galleries are nine and six meters high respectively. They are characterized by high white-plastered inclined haunches and velvet wall coverings, up to two-thirds of the room height, in light-absorbing colors of red, blue, green and grey. The angle of the inclined haunches has been exactly calculated, less to awaken associations with gallery architecture of the 19th century than to ensure an optimal spread of light and to reduce to a minimum the natural decline in light intensity from the very top of the wall to the floor. Between the base of the inclined haunches and the wall covering runs a raised curved ledge, designed for attaching artificial light and material for picture hanging. Door threshold bases and door-jambs are made of profiled concrete elements. The floor and ceiling of the rooms are formed by the glass coverings, with their many filters, and the smoked oak wooden parquet, its relatively dark appearance helping to prevent reflection at picture height.

Rotunde

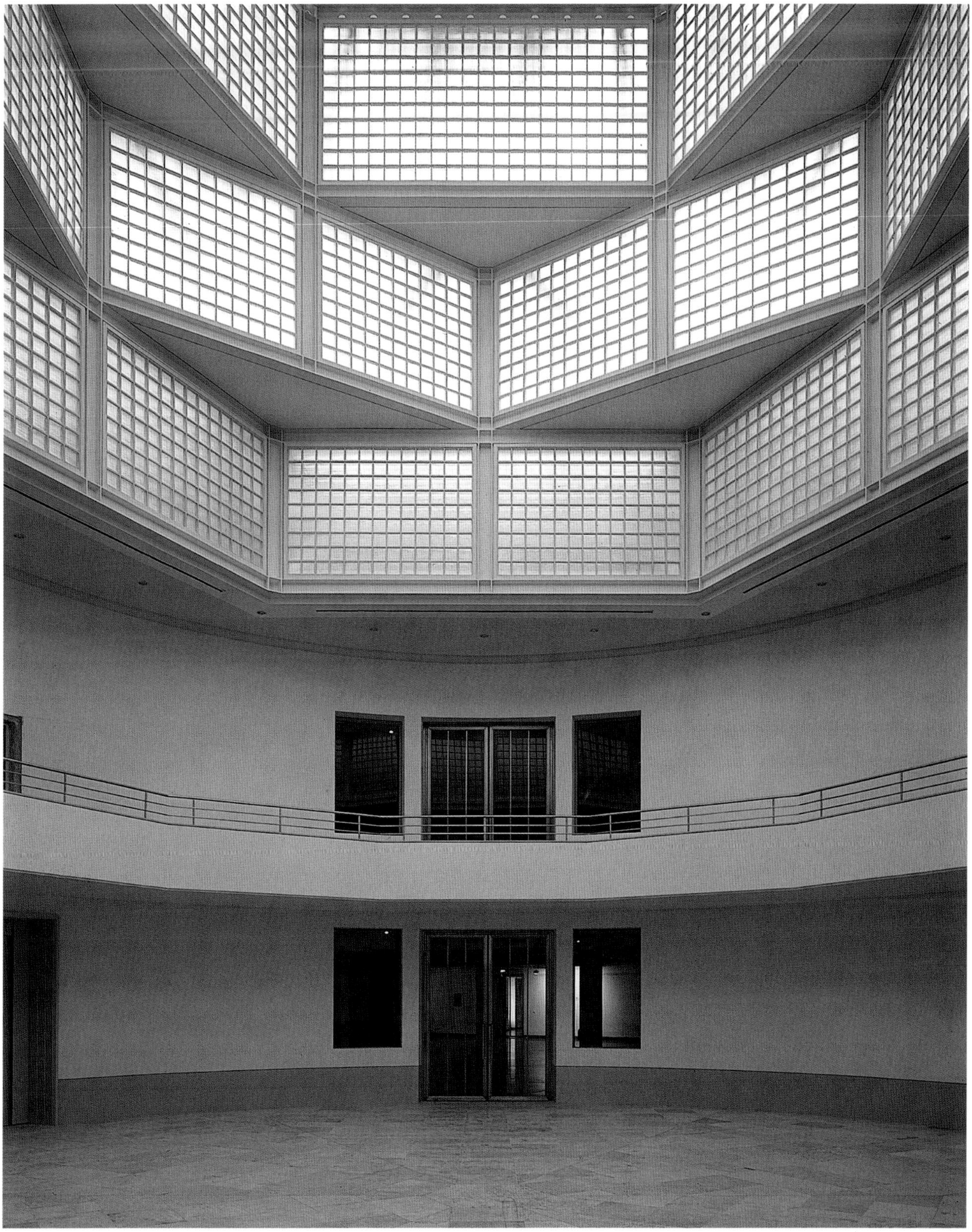

damer Platz, einbüßen und wird anders erlebt werden müssen. Stattdessen definiert die Gemäldegalerie erneut die Geometrie der Straßen und Plätze im Stadtgrundriß des südlichen Tiergartenviertels.
Der äußere architektonische Ausdruck der Galerie entsteht durch das horizontal scharfkantig gegliederte Sockelgeschoß in Granit, dem Material, das auch Scharoun und Mies van der Rohe für die Sockelpartien am Kulturforum verwendeten, auf dem sich das introvertierte Ausstellungsgeschoß in Terracotta mit weichem Oberflächenrelief erhebt. Darüber entwickeln sich die ausgedehnten Glasdächer, Voraussetzung für das optimale Tageslicht in der Galerie.
Wer von der Nationalgalerie zur Gemäldegalerie will, den führt die dem Neubau angelagerte, breite, flache Treppe zum Seitenzugang der Eingangshalle der Museen am Kulturforum, die einen zusätzlichen Sinn dann bekäme, wenn in der Zukunft auf dem gegenüberliegenden Grundstück eine Erweiterung der Nationalgalerie entstehen würde.

In its urban shape the *Gemäldegalerie* does not correspond to the flowing spacial and architectural assembly of erratic unica: Scharoun's *Philharmonie* and *Staatsbibliothek*, Mies van der Rohe's *Nationalgalerie* and Gutbrod's *Piazzetta.*
This open space reflecting the imaginative world of the 50's looses its sense of emptiness on the remote outskirts of West Berlin due to the approaching downtown area around Potsdamer Platz and will be experienced differently in future.
The gallery's external architectural impression is created through the clear horizontal lines of the smooth basement sections, formed in granite, the same material as used by Hans Scharoun and Mies van der Rohe for basement elements in the *Kulturforum*. The introverted exhibition floor, terra-cotta with a soft surface relief, raises itself slightly above its surrounding. Above that again lie the extensive glass roofs, the essential requirement for optimal use of daylight in the gallery below.
The path from the *Nationalgalerie* to the *Gemäldegalerie* leads visitors along the wide, low steps next to the new building, to the side access in the entrance area of the Kulturforum museums. This would attain a new eloquence if, at some point in the future, an extension of the *Nationalgalerie* were to be built opposite.

Foto: Reinhardt Görner

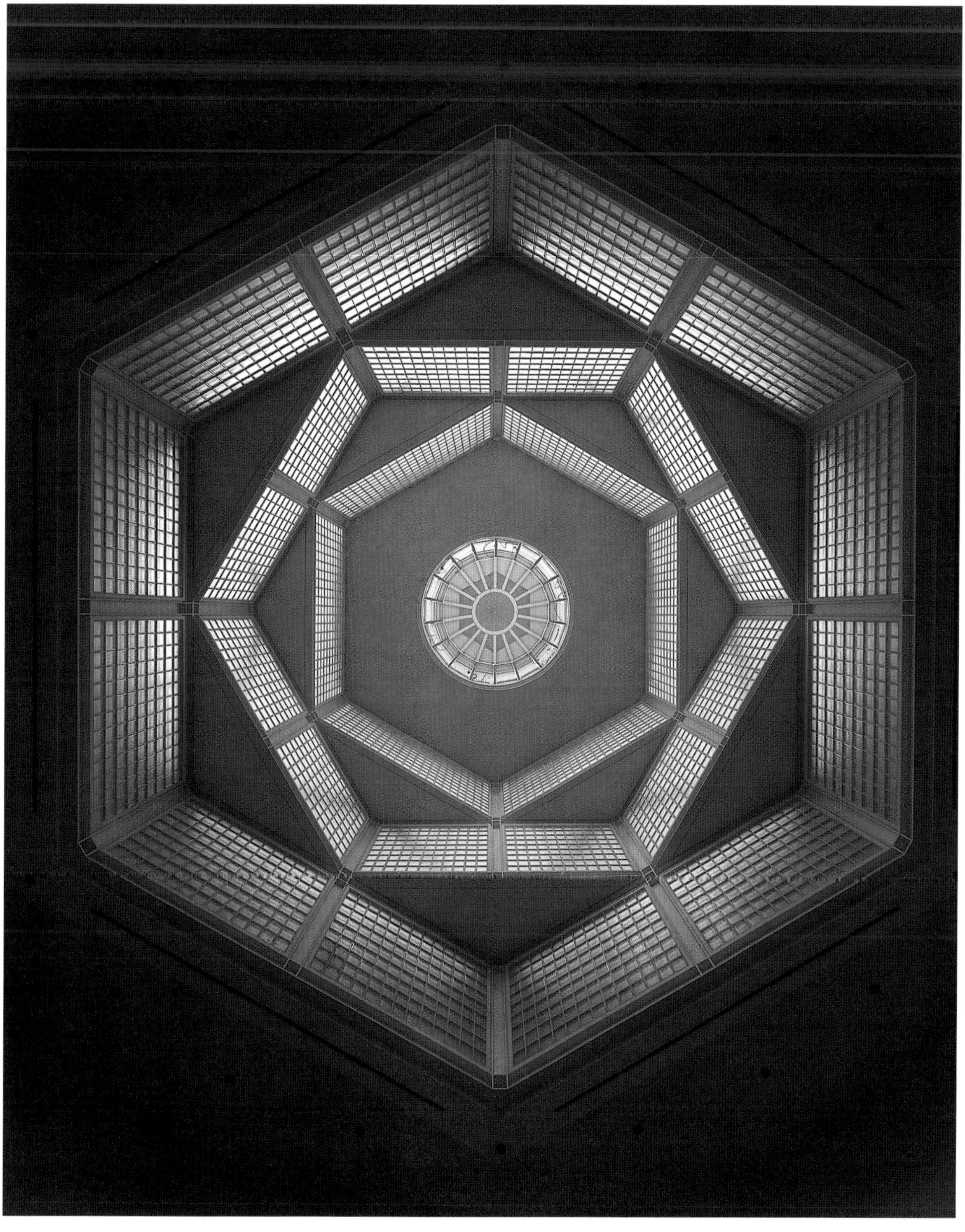

Fritz Neumeyer

Alte Meister als die Herren im neuen Haus: Die Gemäldegalerie der Architekten Heinz Hilmer und Christoph Sattler

Nach mehr als zehnjähriger Planungs- und Baugeschichte öffnet die Gemäldegalerie im neuen Haus am Kemperplatz ihre Pforten. Damit verläßt eine der bedeutendsten Berliner Kunstsammlungen ihre Residenz im noblen Villenvorort Dahlem und kehrt ins Zentrum Berlins zurück und präsentiert sich mit einem Bauwerk, das als vorerst letzter großer öffentlicher Museumsbau von internationalem Rang die Berliner Museumslandschaft und die Stadtlandschaft des »Kulturforums« komplettiert.
Als die Münchner Architekten Heinz Hilmer und Christoph Sattler nach zwei Wettbewerben 1987 schließlich den Auftrag zum Bau der Gemäldegalerie erhielten, ahnte niemand, daß das Kulturforum nur zwei Jahre später aus seiner peripheren Lage im Schatten der Mauer und am Rand des Niemandslandes um den Potsdamer Platz unmittelbar ins Zentrum rücken würde. Die Insel der Künste, die dem Osten bewußt den Rücken zukehrte, wurde durch die Veränderungen in der politischen Geographie plötzlich zum Gelenkstück in der gesamtstädtischen Topographie. So schließt der Bau der Gemäldegalerie nicht nur die bauliche Lücke am

Fritz Neumeyer

Old Masters of the New House: The Gemäldegalerie designed by the architects Heinz Hilmer and Christoph Sattler

After a planning and construction phase lasting more than ten years, the *Gemäldegalerie* is opening its doors in the new building at Kemperplatz. As a result, one of Berlin's most important art collections will be moving from its residence in the refined villa suburb of Dahlem and returning to the centre of Berlin. The collection is to be presented in a building that not only rounds off Berlin's museum ensemble but also the cityscape of the Kulturforum as Berlin's last major public museum building, for the time being, of international class.
When, after two competitions, the Munich architects Heinz Hilmer and Christoph Sattler were finally commissioned to design the *Gemäldegalerie*, in 1987, nobody suspected that the Kulturforum's peripheral location in the shadow of the wall and on the edge of no-man's land by Potsdamer Platz would shift to the very centre of the city only two years later. This island of the arts, which had consciously turned its back on the eastern part of Berlin, suddenly became the articulation point of the united city's topography as its political geography changed. Thus, the construction of the

Die zentrale Halle im Rohbau, Sommer 1993
Foto: Katharina Sattler
Central hall under construction, summer 1993

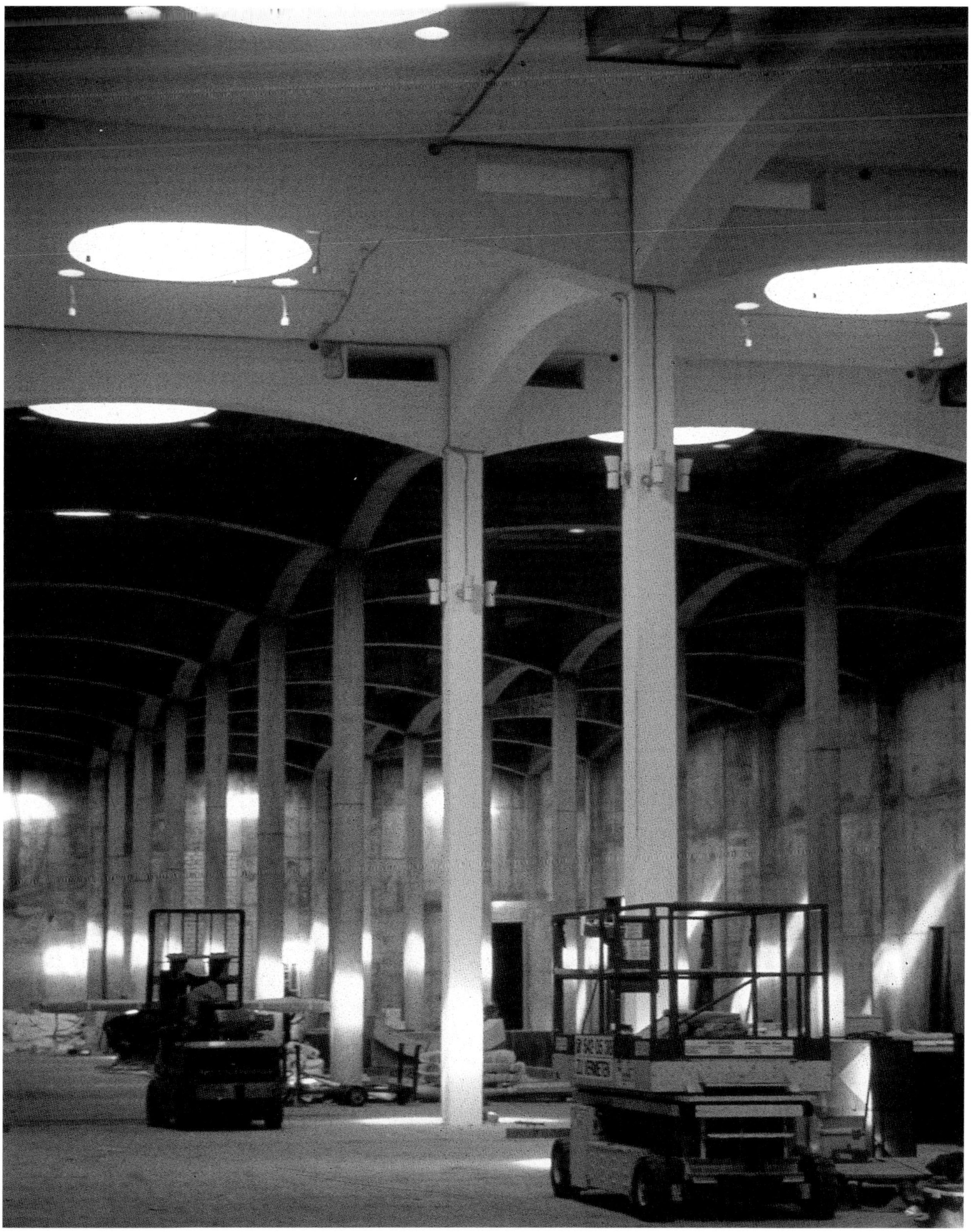

Westrand dieser idealen Kunststadt sondern zugleich auch ein Kapitel in der Baugeschichte des Kulturforums, dessen weitere Entwicklung dem Zusammenwachsen der Stadt durch die Orientierung zum Potsdamer Platz wird Rechnung tragen müssen.
Im Œuvre der Architektengemeinschaft Hilmer & Sattler ist die Gemäldegalerie ebenfalls zu einer Art Schlüsselbau von symbolischer Bedeutung geworden. Schon allein die Größe dieses Projektes verlangte architektonisches Denken in städtebaulichen Kategorien und insofern eine eingehende Auseinandersetzung mit diesem besonderen Areal der Stadt, das sich für die Münchener Architekten als eine Art arkadisches Terrain erweisen sollte. Wie nirgendwo sonst konnten sie hier Erfolge verbuchen und preisgekrönt aus bedeutenden Konkurrenzen hervorgehen.
Der wohl spektakulärste Sieg, den ein Architekt im gerade erst wiedervereinten Berlin überhaupt erringen konnte, folgte der Gemäldegalerie auf dem Fuße. Gegen eine geballt versammelte internationale Konkurrenz von Rang und Namen gewannen Hilmer & Sattler 1991 den ersten Preis im städtebaulichen Ideenwettbe-

Gemäldegalerie has not only filled the gap on the western border of this exemplary art city, but has also closed a chapter in the construction history of the Kulturforum, whose further development will have to take into account the progressive fusion of a city now taking its orientation from Potsdamer Platz.
In the work realised by Hilmer and Sattler's architect's collaborative, the Gemäldegalerie has also become something of a key building with symbolic significance. The scale of the project alone demanded an architectural design conceived in categories of urban-planning and, consequently, an intensive debate with this particular inner-city area, which has served as a kind of Arcadian terrain for the two architects from Munich. Here, they had a unique opportunity to chalk up a success and emerge as prize-winners in the face of some outstanding competition.
The single most spectacular victory that any architect could have gained in a reunited Berlin followed hot on the heels of the *Gemäldegalerie*. Confronted with an impressive line-up of renowned and famous rivals from the international architectural

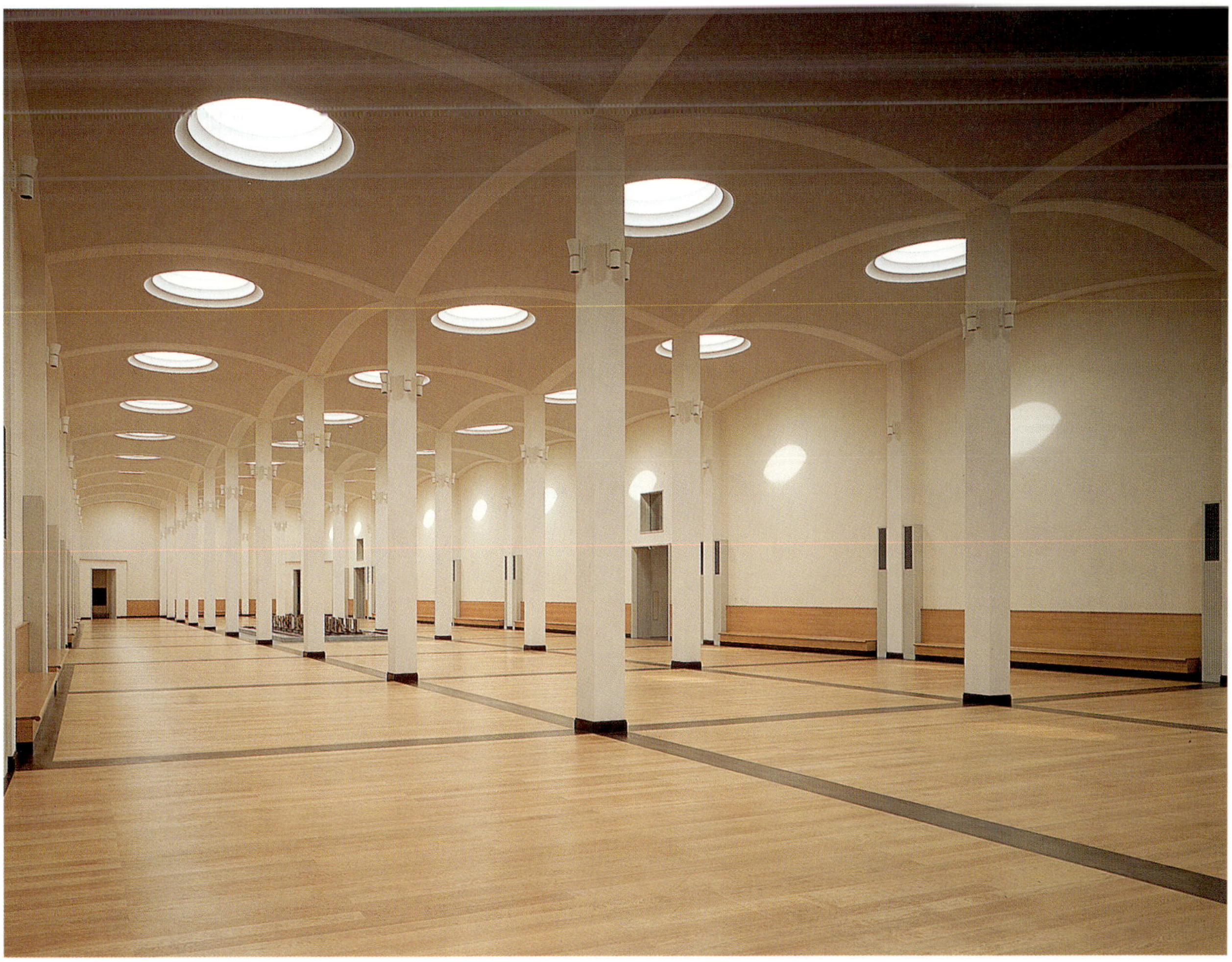

werb für den Bereich um den Potsdamer Platz und machten damit ihren Namen in der Fachwelt weit über Berlin hinaus bekannt. Ihre Vorstellung von der kompakten, komplexen europäischen Stadt stellte nicht nur die Weichen für jenen neuen zentralen Berliner Stadtteil, an dem beide Stadthälften zusammenkommen, sondern erwies sich darüber hinaus auch als paradigmatisch für das offizielle städtebauliche Leitbild des Neuen Berlin und seiner Politik des Respektierens des Straßengrundrisses und der Rückgewinnung städtischer Räume.
Zwar fiel im Jahr darauf die Entscheidung der zweiten Wettbewerbsstufe zur baulichen Realisierung am Potsdamer Platz nicht mehr zugunsten der ersten Preisträger aus, doch konnten Hilmer & Sattler im Frühjahr 1998 erneut an ihre Erfolge in diesem Planquadrat des märkischen Sands anknüpfen. Als Partner der Landschaftsarchitekten Christoph und Donata Valentin errangen sie den ersten Preis im Wettbewerb zur landschaftsarchitektonischen Neugestaltung des Kulturforums, dessen desolates städtebauliches Umfeld pünktlich zum Eröffnungstag der Gemäldegale-

scene, Hilmer & Sattler won the first prize in the Urban Planning Competition for the area around Potsdamer Platz, thus making a name for themselves far and wide. Their conception of a compact, complex European city has not only set a trend for developing the new, central districts of Berlin, where both parts of the city converge, but also created a paradigm for the official urban guidelines for the ›New Berlin‹ and the policy of respecting the historical street plan as well as reclaiming urban spaces.
Even though Hilmer & Sattler, the winners of the first prize, were not favoured in the second stage of the competition, held a year later, for a new project at Potsdamer Platz, they were nevertheless able to follow up their success for this grid square, laid out on Brandenburg sand, in the spring of 1998. As partners of landscape architects Christoph and Donata Valentin, they won the first prize in the competition for a new architectural landscape design for the Kulturforum. The completion of the work on upgrading and converting the desolate urban environment around the Forum, leaving it in reasonable shape, was due to coincide with the opening of the

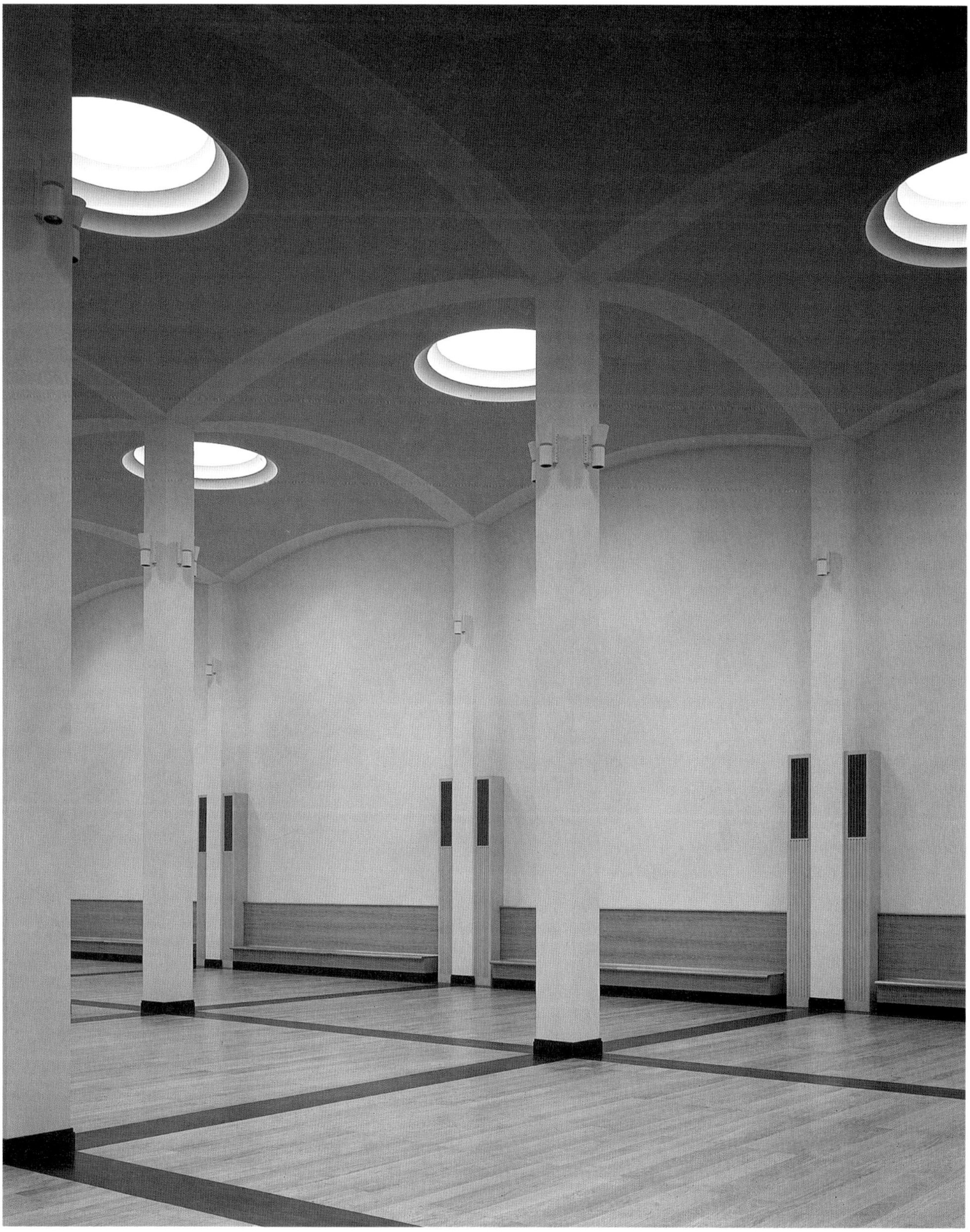

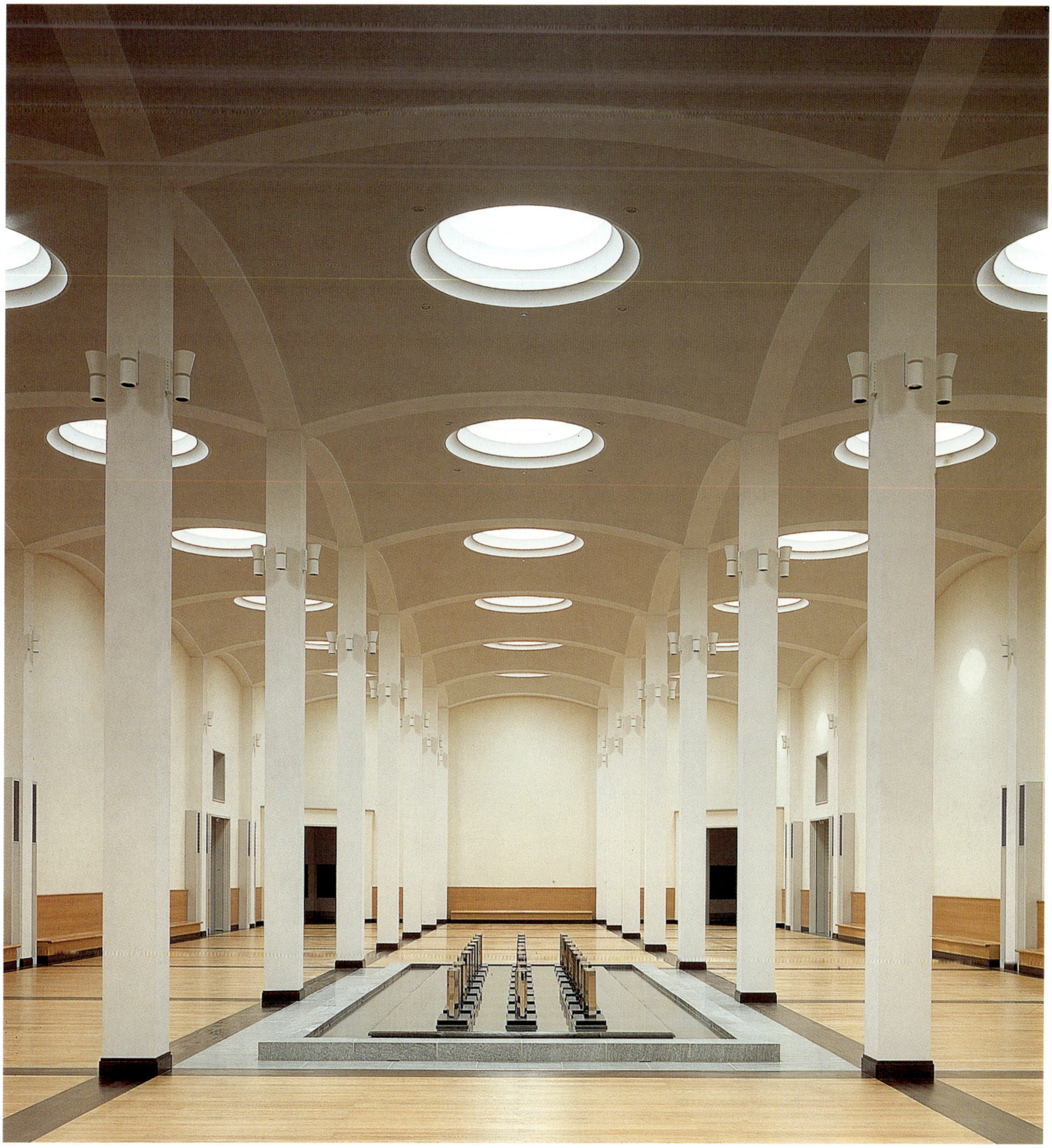

5–7–9 Sculpture von Walter de Maria

rie aufgewertet und in einen angemessenen Zustand überführt werden soll. So finden sich jetzt die Architekten der neuen Gemäldegalerie als die neuen Planer des Kulturforums in der faszinierenden und einzigartigen Situation wieder, sich gleichsam vor der eigenen Haustür selbst den Vorgarten zu bestellen.
Daß es im Kulturforum einigen Handlungsbedarf gibt, war den Münchener Architekten schon bei der Konzeption ihrer Gemäldegalerie offensichtlich, die als eine absichtsvoll plazierte, sorgfältig bedachte bauliche Intervention im Kontext der hier versammelten Architekturen verstanden werden mußte. Die Auslobung des Wettbewerbs zur Gemäldegalerie setzte zudem einen Schlußpunkt unter die Ära Gutbrod, nach dessen Entwürfen aus den sechziger und siebziger Jahren am Westrand des Kulturforums eine eigene »Collage City«, bestehend aus Kunstgewerbemuseum, Kupferstichkabinett und Kunstbibliothek, erstanden ist. Auch der Bau der Gemäldegalerie war dem Architekten Rolf Gutbrod ursprünglich zugedacht worden. Erst aufgrund massiver Kritik wurde 1985 von der Ausführung Abstand genommen und ein

Gemäldegalerie. Thus, as the new planners of the Kulturforum, the architects of the new *Gemäldegalerie* find themselves in the fascinating and unique situation of cultivating the garden in front of their own front door, as it were.
Even when they were conceiving their *Gemäldegalerie*, the Munich architects realised that something had to be done about the Kulturforum, and that any changes would have to be conceived as a consciously located and carefully planned structural intervention within the context of the buildings assembled there. The competition award for the *Gemäldegalerie* was also offered with the aim of making a clean break with the Gutbrod era. Gutbrod's architectural designs dating from the sixties and seventies on the western border of the Kulturforum created a »Collage City« consists of a *Kunstgewerbemuseum* (Arts and Crafts Museum), a *Kupferstichkabinett* (Department of Prints and Drawings) and a *Kunstbibliothek* (Art Library). Originally, Rolf Gutbrod was also assigned the task of designing the *Gemäldegalerie*. It was only after vehement criticisms were voiced that the implementation of these plans was abandoned

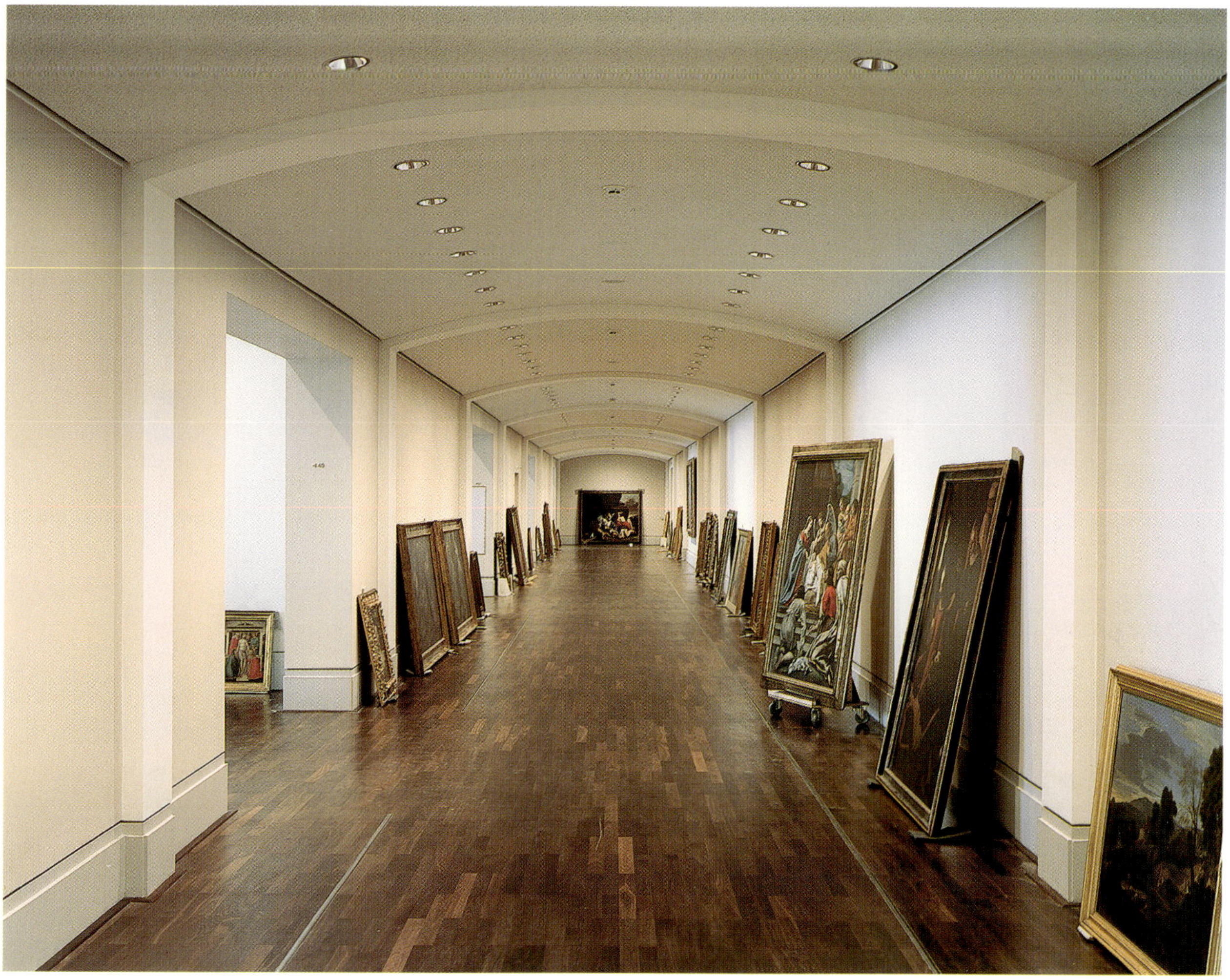

Studiengalerie

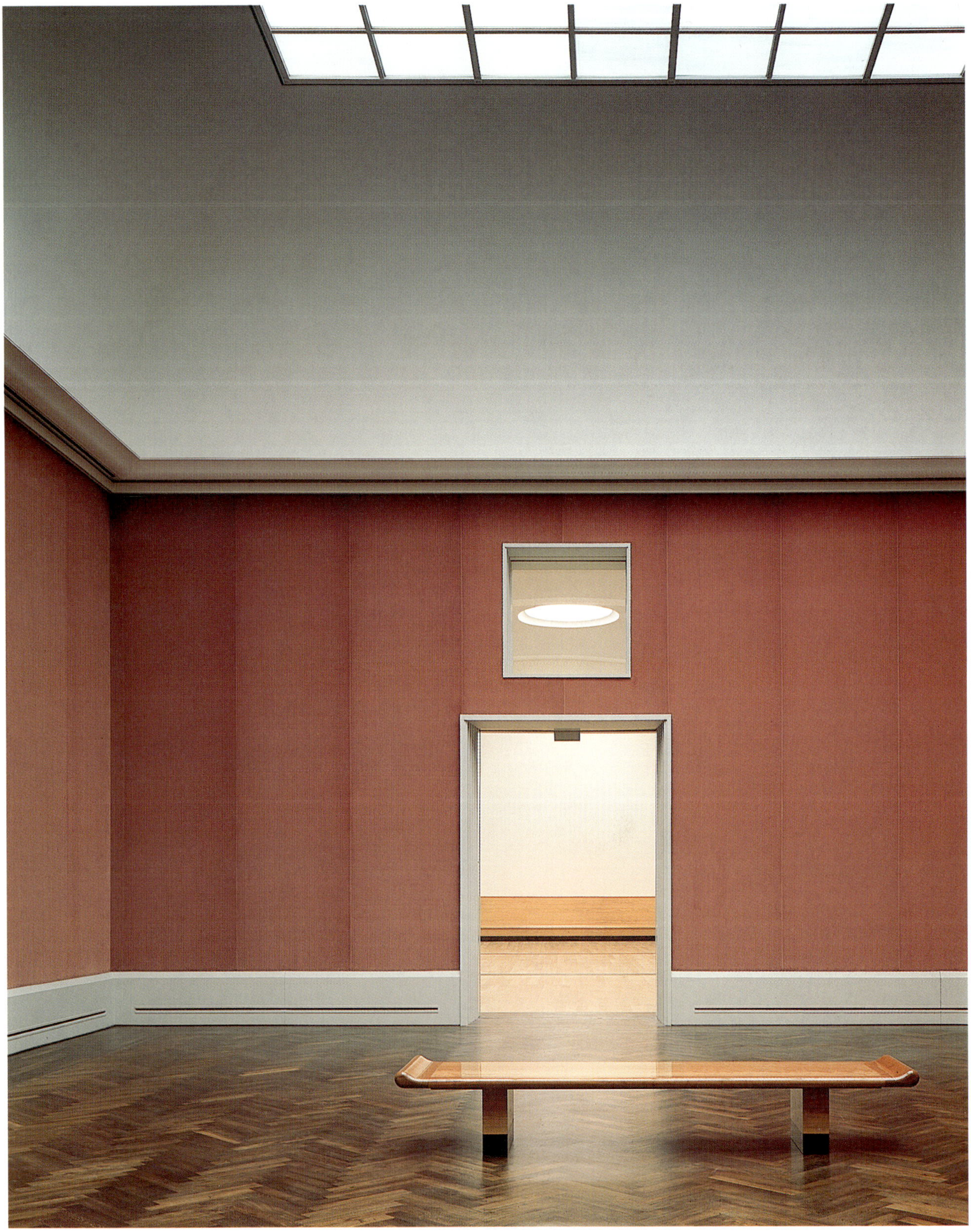

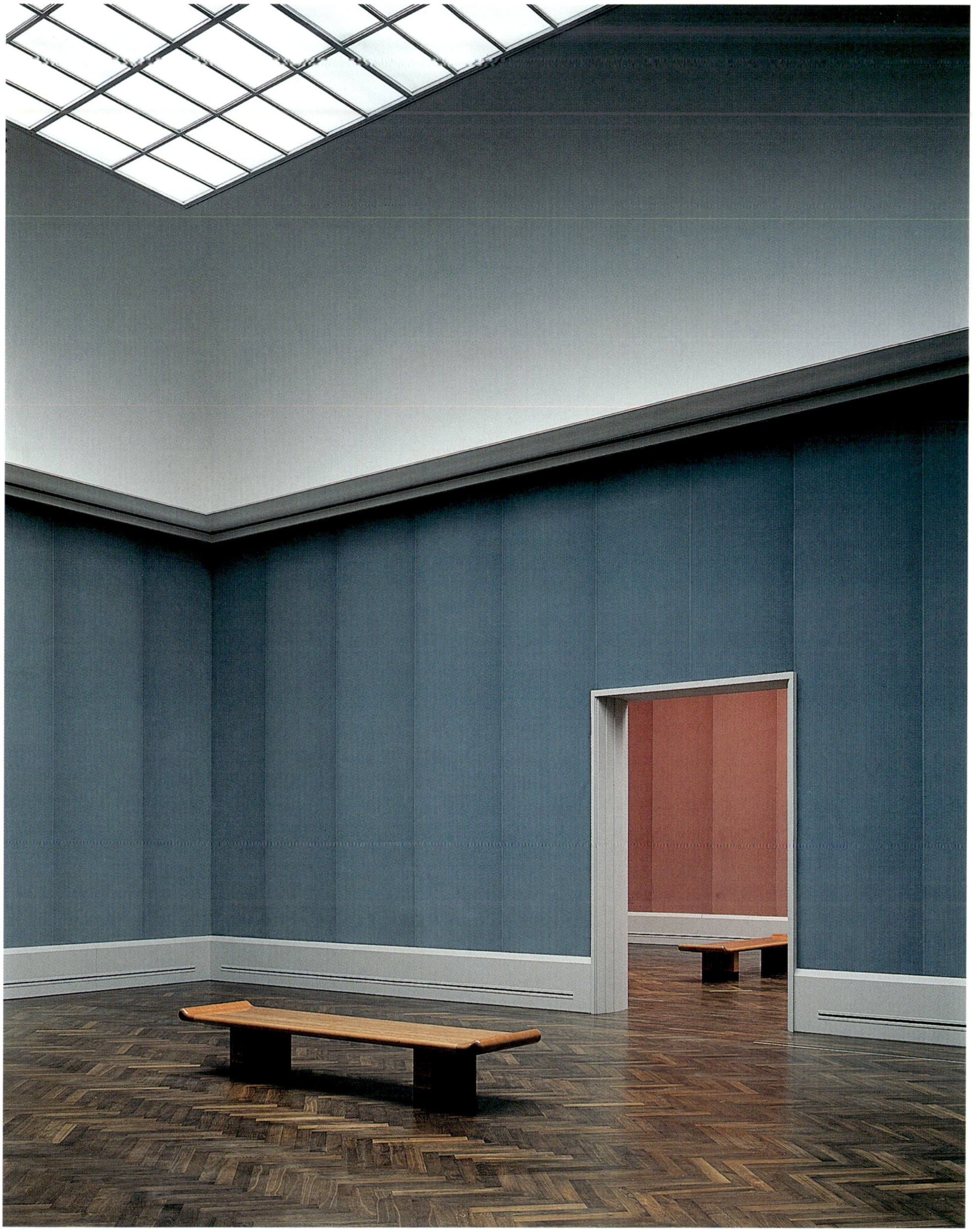

Wettbewerbsverfahren eröffnet. Zu diesem Zeitpunkt war das in der Welt der modernen Architektur einzigartige Bauensemble von Scharouns Philharmonie und Staatsbibliothek und Mies van der Rohes Nationalgalerie allerdings schon in Mitleidenschaft gezogen. Welchen Schaden die gründlich mißlungene Gutbrod-Baulandschaft angerichtet hat, ist in aller Eindrücklichkeit täglich zu besichtigen. Der subtile Dialog zwischen frei im Raum gelagerten prägnanten Bauindividuen, den Hans Scharoun, der geistige Vater des Kulturforums, als konstitutive Idee für seine Vorstellung von der Stadtlandschaft hier paradigmatisch verwirklicht sehen wollte, fand in dem von Eigensinn und Esoterik geprägten Gestammel der Gutbrod-Bauten ein trauriges Ende. Wuchtige, grobschlächtige Baukörper konterkarieren die Heiterkeit und Leichtigkeit des Landschaftsgedankens, und mit den schräg ansteigenden Granitschollen der sogenannten »Piazzetta« ist der Gedanke eines städtisches Platzes mehr als nur buchstäblich auf die schiefe Bahn und – zur Freude der Skateboardfahrer und zum Leidwesen der Fußgänger – ins Rutschen gekommen.

in 1985 and competition procedures launched. By then, however, this ensemble of buildings, comprising Scharoun's *Philharmonie* and *Staatsbibliothek* as well as Mies van der Rohe's *Nationalgalerie*, quite unique in the world of modern architecture, was also affected by these developments.

Every day one can see striking evidence of the damage done by Gutbrod's disastrous architectural landscapes. The subtle dialogue between compact, individual buildings standing freely in space, which Hans Scharoun, the spiritual father of the Kulturforum, had hoped to see realised here in paradigmatic fashion, came to a sad end with the pathetic stammering of Gutbrod's buildings, which still stand as an architectural testimony to stubbornness and esoteric ideas. Massive, vulgar buildings contradict the joy and ease of the landscape idea. Furthermore, with his granite ›ice flows‹, which rise diagonally from the so-called »Piazzetta«, the very idea of an urban square has done far more than simply leave the proverbial straight and narrow; it has also begun its downhill slide – to the delight of the skate-boarders and the chagrin of the pedestrians.

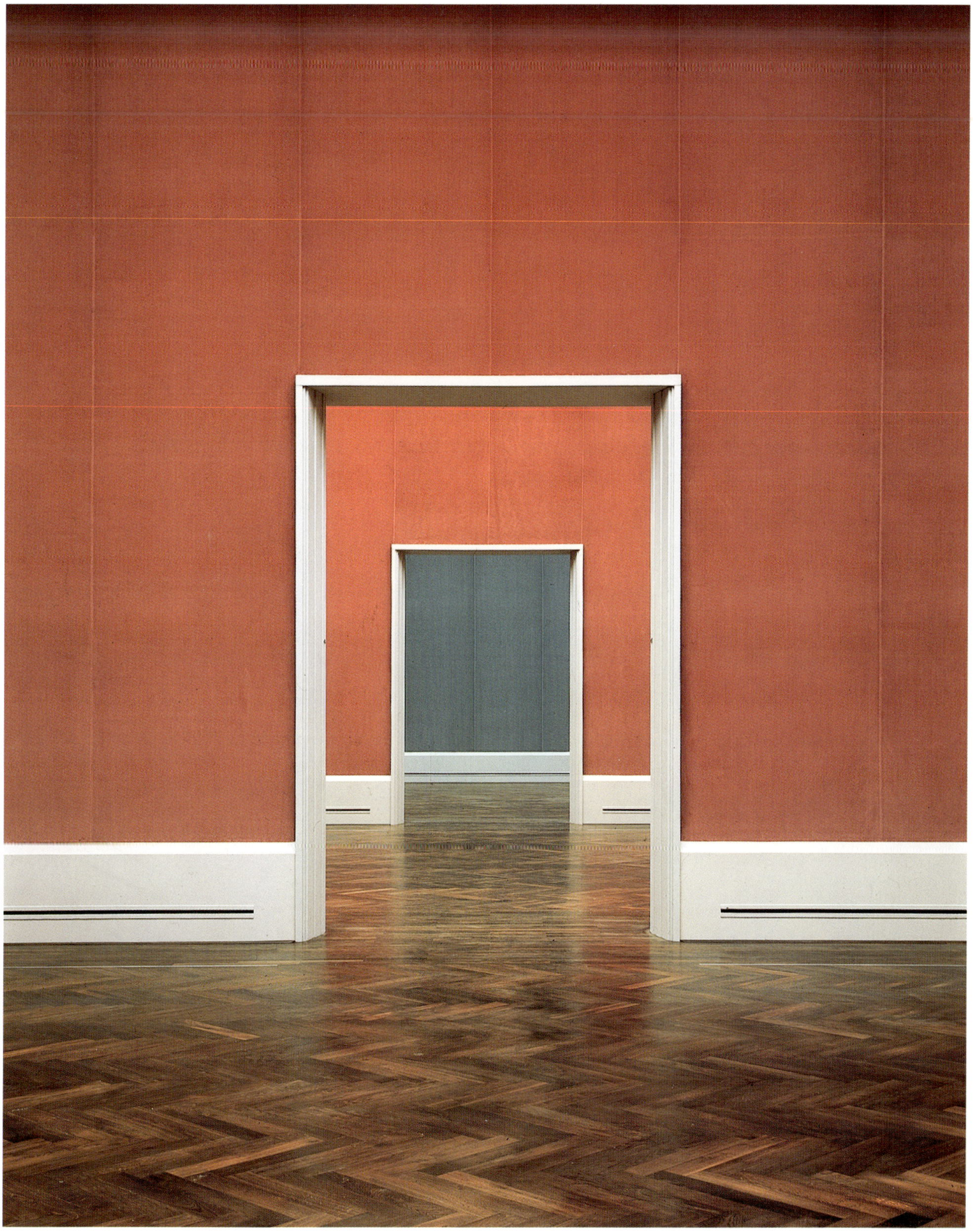

Den Architekten der Gemäldegalerie fiel die undankbare Aufgabe zu, sich einen Reim aus dem Wirrwarr der vorhandenen Bauformen zu machen, an das sie den neuen Baukörper unmittelbar anschließen mußten. Diese Aufgabe haben Hilmer & Sattler mit der ihnen eigenen Zurückhaltung in der Gestaltung und mit disziplinierter Versöhnlichkeit auch gegenüber dem Torso der Gutbrod-Bauten gelöst. Lärmende Konfrontation mit dem vorgefundenen Kontext ist nicht ihre Sache. Ihre Arbeitsweise kennzeichnet vielmehr das Ringen um eine präzise und in sich stimmige Gestalt, die sich ebenso unaufdringlich wie geräuschlos einfügt und aus der Subversivität des Selbstverständlichen ihre Wirksamkeit entfaltet.
Städtebaulich und architektonisch lag es auf der Hand, der undeutlichen und launigen Architektur der Gutbrod-Fragmente nicht noch ein weiteres künstlich zergliedertes Großobjekt hinzuzufügen. Ein künstlerisch gegliedertes, architektonisches Ganzes, ein eindeutig lesbareres »großes Haus« sollte ihnen als Komplementär zur Seite gestellt werden.

The architects of the Gemäldegalerie were assigned the thankless task of making sense of the muddle of the existing buildings, alongside which they had to erect their new structure. Hilmer & Sattler solved the problem by exercising considerable restraint in their design and demonstrating an attitude of disciplined conciliation towards the torso of the Gutbrod buildings. Noisy confrontation with the existing context is not their style. Their approach tends to be characterised by a struggle to find a precise and coherent form that fits in unobtrusively and quietly, deriving its effectiveness from the subversive character of the obvious.
In terms of urban planning and architectural design, it was evident that the last thing the ambiguous and capricious architecture of Gutbrod's fragments needed was yet another artificially dissected, large-scale project. An artistically articulated architectural whole, a complementary and easily readable »large house«, was to take its place alongside them.
The architecture of Hans Scharoun and Mies van der Rohe provides the Kulturforum with impressive models for truly grand houses of

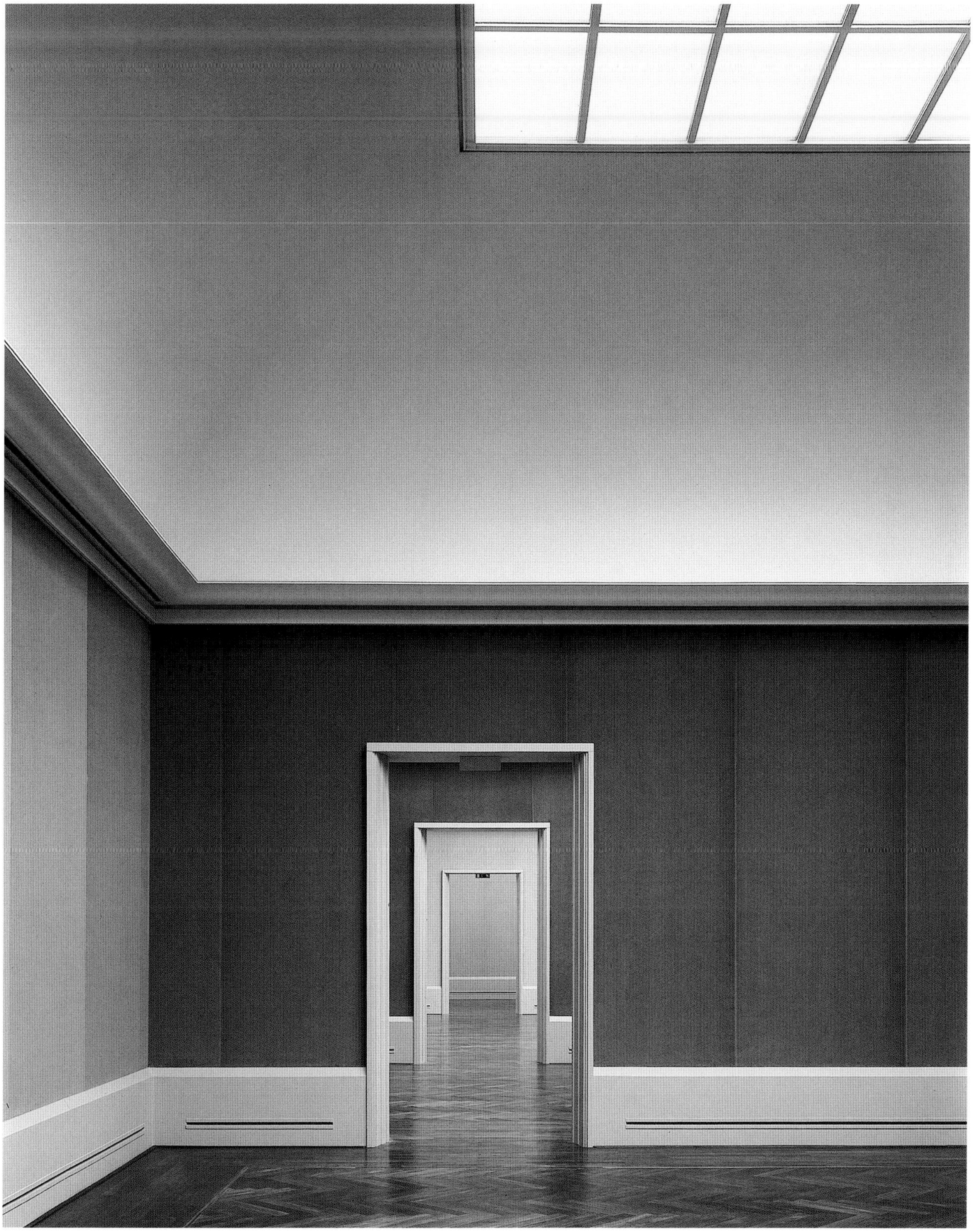

Markante Vorbilder für solcherart wahrhaftig große Häuser, zudem ausgestattet mit großartigen Innenräumen, hält das Kulturforum in den Bauten von Hans Scharoun und Mies van der Rohe selbst bereit. In diese illustre Gesellschaft in aller Bescheidenheit einzutreten und sich mit einem eigenen Haus als neuer Nachbar zu empfehlen, in dieser großen architektonischen Herausforderung liegt zugleich auch der außerordentliche Reiz der Bauaufgabe. Zu deren prinzipieller Lösung wählten die Architekten der neuen Gemäldegalerie den klassischen Typus vom »Haus mit Hof« aus als ihren abstrakten Ausgangspunkt, auf den auch die Miessche Nationalgalerie noch entfernt Bezug nimmt. Das konkrete humanistische Bekenntnis zur Tradition, das Hilmer & Sattler mit jedem ihrer Bauten feinsinnig abzulegen pflegen, hat hier in der Anlehnung an den »Palazzo« seine Gestalt angenommen: ein Vorbild humanistischer Verkörperung von Reichtum und Weltoffenheit aus der Zeit der florentinischen Renaissance, das der Berliner Gemäldegalerie mit ihren Kunstschätzen in wohlmeinender Wahlverwandtschaft durchaus in die Wiege gelegt werden kann.

this type, which are also equipped with correspondingly grand interior rooms. Modestly joining such illustrious company and announcing their presence – as new a neighbour – presented an architectural challenge of its own, which also gave the project its incredible appeal. The basic idea underlying the solution developed by the architects of the new *Gemäldegalerie* was the classical model of a »house with a court«. This model became their abstract point of departure. Mies' *Nationalgalerie*, incidentally, also contains a remote reference to a solution of this type. The typically humanist endorsement of tradition that Hilmer & Sattler sensitively interpret in all their buildings has been realised here with the »Palazzo« in mind. Displaying a consciously chosen affinity, the Berlin *Gemäldegalerie*, with its artistic treasures, is certainly in the same tradition as this humanist model, which has exemplified affluence and liberality ever since the Florentine Renaissance.
The Berlin *Gemäldegalerie*, with one of the most excellent collections in the world, surely counts among the leading »great houses« of art. It presents a unique cross-section of European painting from

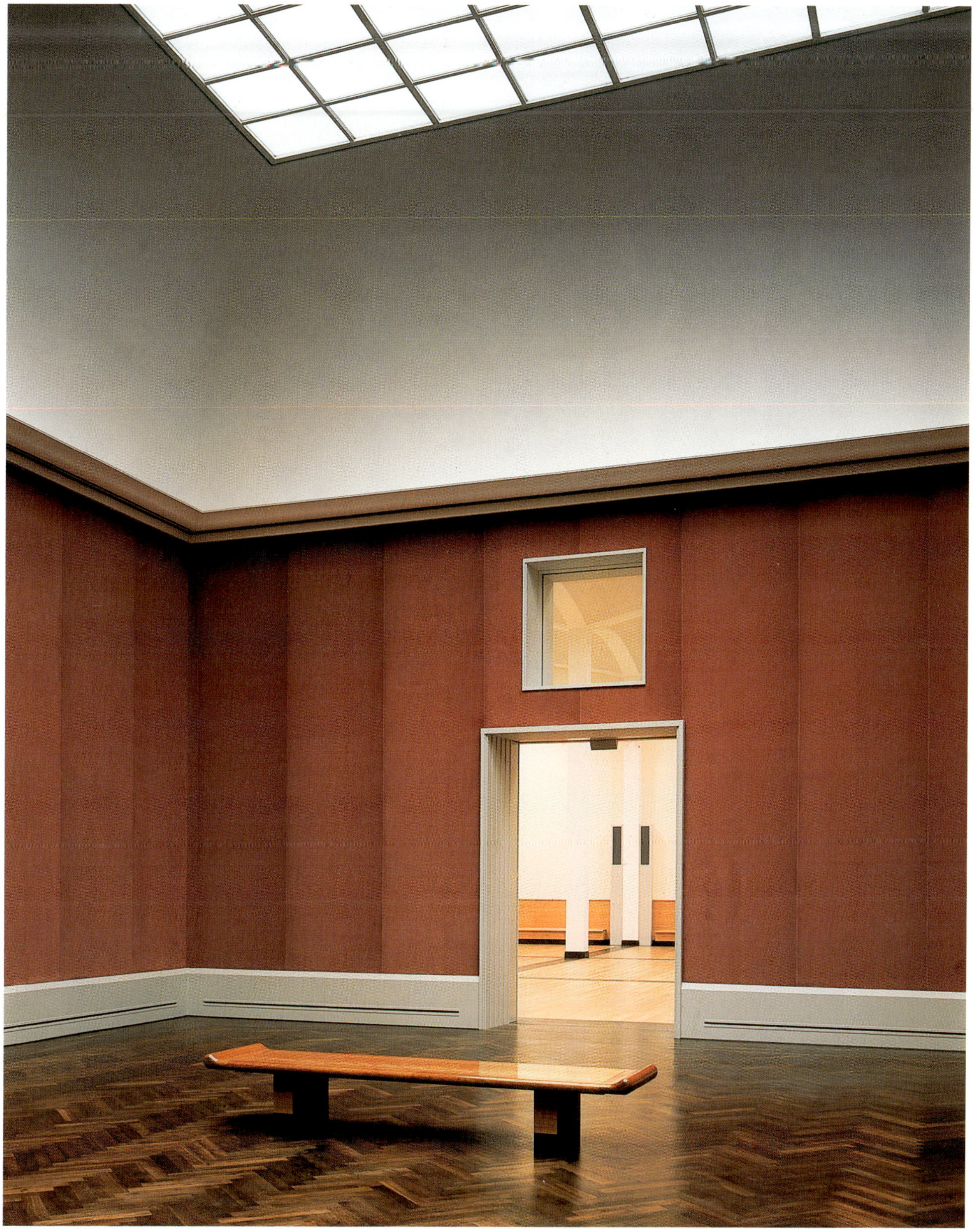

Als eine der glanzvollsten Sammlungen der Welt gehört die Berliner Gemäldegalerie wahrhaftig unter die ersten der »Großen Häuser« der Kunst. Sie bietet einen einzigartigen Querschnitt durch die Entwicklung der europäischen Malerei von den Anfängen der mittelalterlichen Tafelmalerei des 13. Jahrhunderts über die holländische, flämische, französische und englische Malerei des 17. und 18. Jahrhunderts bis zum Klassizismus um 1800. Für diese edlen Vertreter der Kunst hat der Neubau der Gemäldegalerie ein »Haus« als würdigen architektonischen Rahmen zu stiften, ausgestattet mit repräsentativen Räumlichkeiten für großen Empfang von Publikum, aber auch für ehrfurchtsvolles, stilles Verweilen im Zwiegespräch, wenn das Kunstwerk zur Audienz bittet.
Ein solches konservatives, der aristokratischen Kunstherrlichkeit alter Meister unbedingt ergebenes, Selbstverständnis der Museumsarchitektur ist heute wieder eine kleine Sensation. Der postmoderne Museumsboom der letzten Jahrzehnte hat eine ganze Palette von konkurrierenden Verhaltensformen zwischen der Architektur und dem Kunstwerk zutage befördert. Sie reicht

its beginnings in the medieval panel painting of the 13th century to the Dutch, Flemish, French and English paintings of the 17th and 18th centuries to the Classicism of the late 18th and early 19th centuries. The new *Gemäldegalerie* building had to give the Kulturforum a »house« that would prove a worthy architectural home for these priceless works of art. In other words, it had to dispose of prestigious rooms to accommodate both large public receptions and respectful, quiet tête-à-tête whenever a work of art sought an audience.
A conservative conception of museum architecture, conservative because it is unconditionally loyal to the aristocratic artistic splendour of the old masters, also constitutes a minor sensation nowadays. The Postmodernist museum boom of the last few decades has thrown up a broad spectrum of competing attitudes between architecture and works of art. These range from indifference towards art, to avoidance and even downright opposition, when, for example, the architect merely views artworks as troublesome rivals in the race to woo the favour of the public. The museum has become a

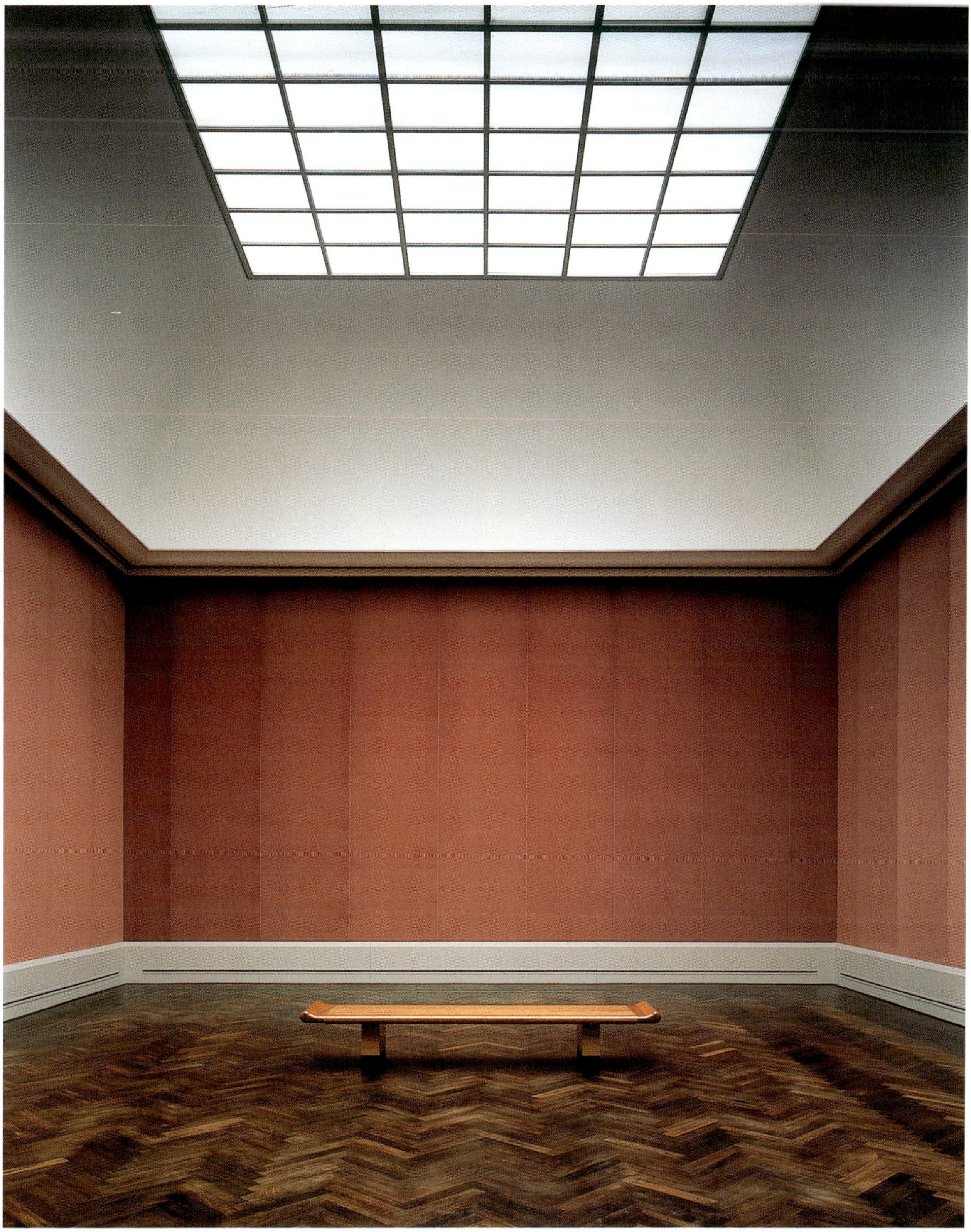

von der Gleichgültigkeit gegenüber der Kunst, dem Aus-dem-Weg-gehen bis hin zur regelrechten Opposition, wenn die Architektur das Kunstwerk nur als lästigen Konkurrenten im Buhlen um die Gunst des Publikums betrachtet. Das Museum ist zu einer paradigmatischen Bauaufgabe geworden, an der sich alle Architekturströmungen dieser Epoche manifestierten und alle bedeutenden Architekten der Gegenwart versucht haben. An keiner anderen Bauaufgabe ist der Pluralismus postmoderner Architekturtendenzen so deutlich hervorgetreten und hat zu Extremen geführt, in denen eine selbstverliebte Architektur sich lärmend und werbewirksam in den Vordergrund drängt und dadurch die Begegnung mit dem Kunstwerk zum Hindernislauf erschwert, wenn nicht gar den Kunstgenuß überhaupt als Erfahrung in Frage stellt.

Vor Zudringlichkeiten solcherart sind die Kunstwerke in dem Bau, den Hilmer & Sattler für sie ersonnen haben, bewahrt. Bei diesem neuen Nachbarn im Kulturforum sind die Alten Meister die Herrn im Haus. Respektvoll tritt die Architektur in aller Gelassenheit

paradigmatic project in which all architectural currents of this epoch manifest themselves, and at which all the major contemporary architects have tried their hand. There is no other building project in which the pluralism of Postmodernist trends in architecture has been so blatantly visible or has led to such extremes, where an architecture in love with itself has noisily pushed its way to the foreground and with such an effective advertising impact, thus turning encounters with art into an obstacle race and even questioning the very enjoyment of a work of art.

The art works exhibited in Hilmer & Sattler's building designed are protected from such obtrusive demands. In this new neighbour at the Kulturforum, the old masters are the masters of the house. The architecture respectfully retreats behind their presence with great composure, willingly performing the necessary service for the select collection of artworks. Wouldn't it be sheer madness if the architecture were to set itself up above these »masters« instead to placing itself fully at their disposal?

With their building, Hilmer & Sattler have prepared the ground for a renaissance in the conception of a museum as a place allowing

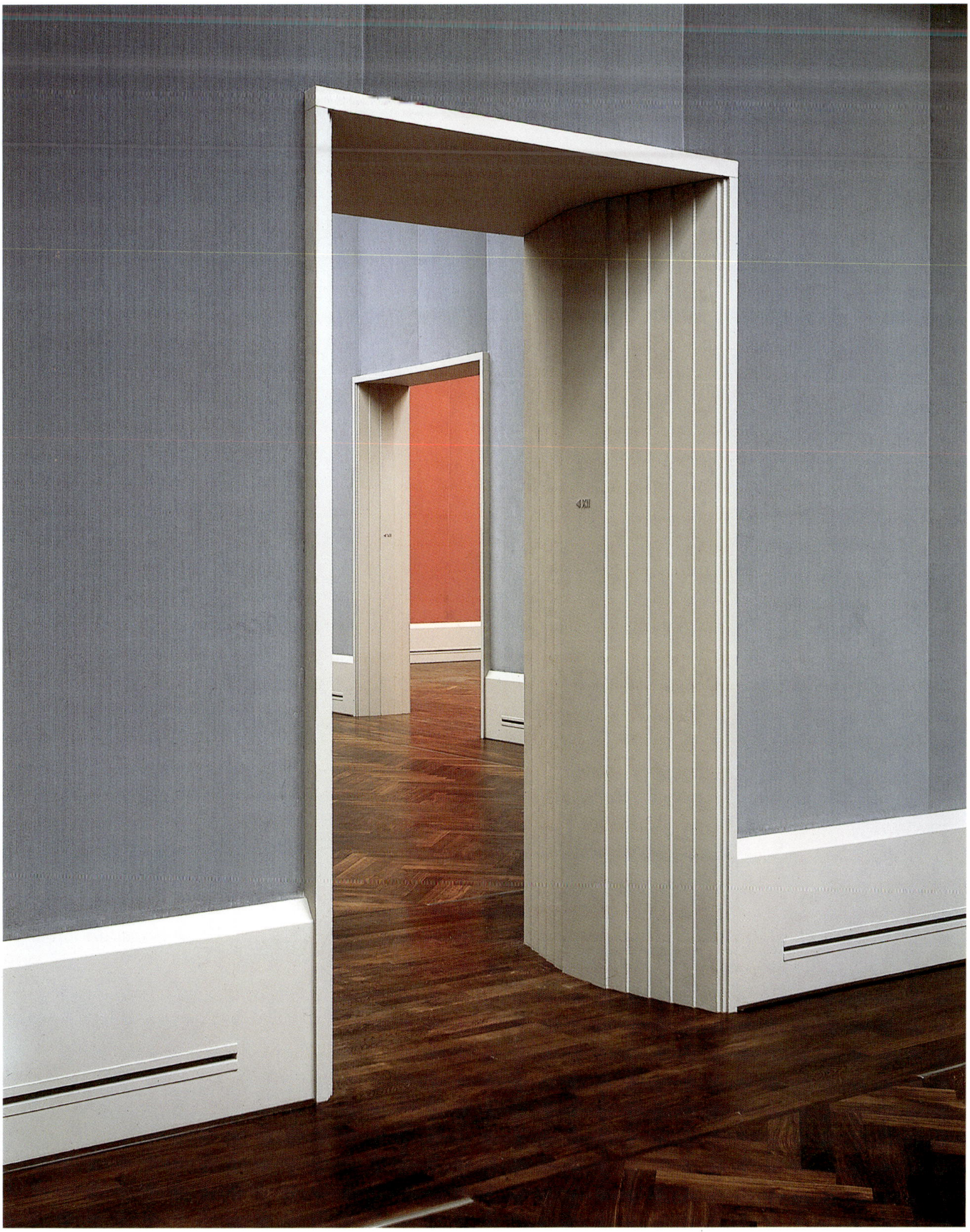

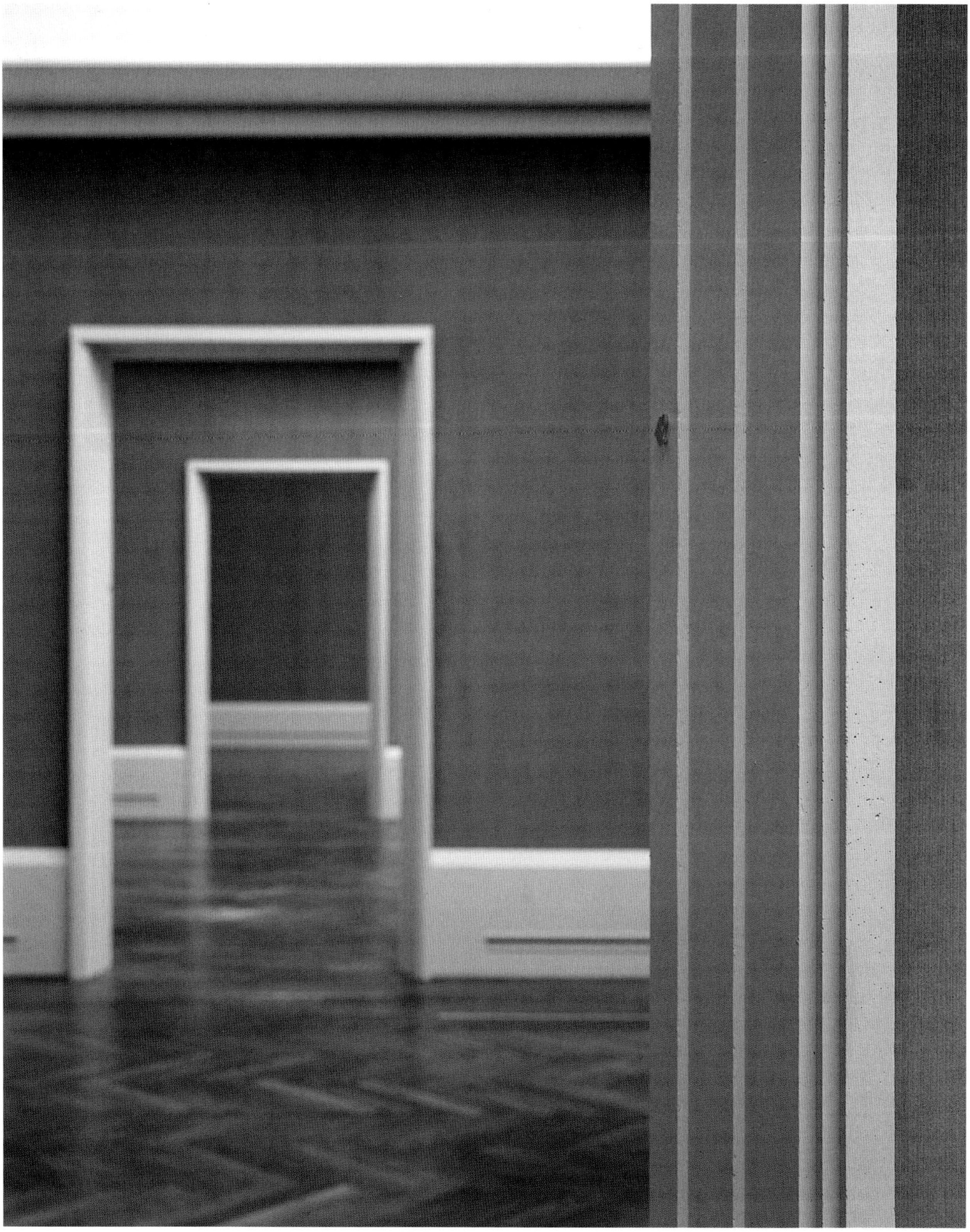

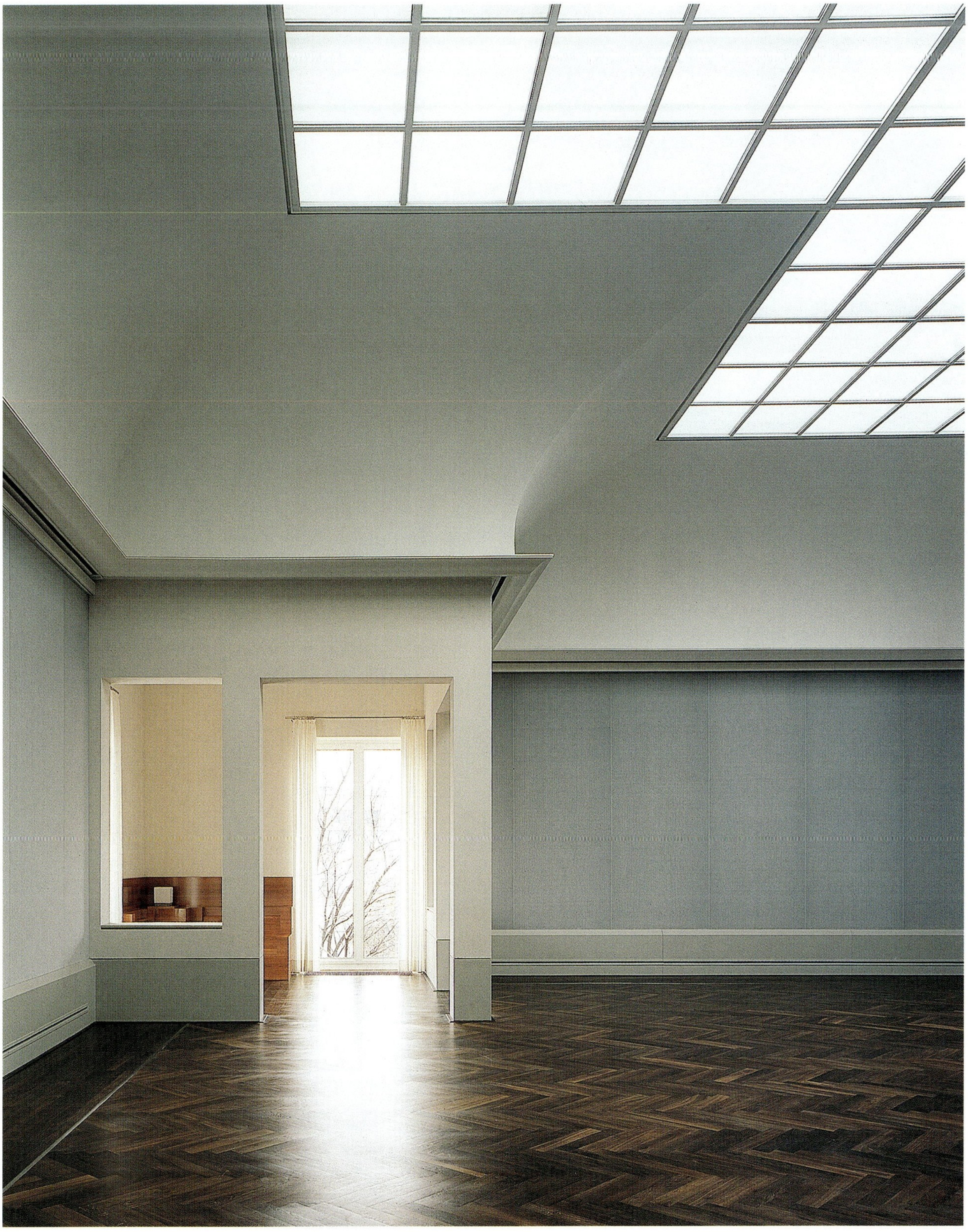

hinter ihre Präsenz zurück, bereitwillig den erlesenen Erscheinungen den gebotenen Dienst erweisend. Wäre es nicht geradezu aberwitzig, wollte die Architektur sich gegen diese »Herrn« aufspielen, anstatt sich ganz in ihren Dienst zu stellen?
Einem solchen fast schon verloren geglaubten Selbstverständnis vom Museum als Ort langsamer Wahrnehmung und des Dialoges haben Hilmer & Sattler mit ihrem Bau eine Renaissance bereitet. Ihr Museum begreift sich als kommunizierendes Gefäß, welches den sensiblen Kontakt zwischen dem Kunstwerk und dem Betrachter vermittelt, indem es einen Ort der Kontemplation stiftet. Diese Absicht ist der klassischen Raumdisposition der Gemäldegalerie zugrunde gelegt. Eine klare »urbane« Typologie, die man in den Museen des 19. Jahrhunderts häufig, in den Museen der Moderne nur selten antrifft, unterscheidet in »öffentliche« und »private« Räume. Wie um einen städtischen Platz sind die Säle und Kabinette um den dreischiffigen Pfeilersaal gruppiert, der das Zentrum der Anlage bildet. Ein Brunnen mit einer Skulptur von Walter de Maria unterstreicht in diesem ansonsten von Kunst

time for perception and dialogue, a conception that has almost faded into oblivion. They conceived their museum as a vehicle for communication, mediating the sensitive contact between the art work and its beholder, by creating a place of contemplation. This intention underlies the classical room arrangement of the museum. As an unambiguous »urban« typology, which one frequently encounters in the museums of the 19th century but only rarely in the museums of the Modern Movement, it is subdivided into »public« and »private« rooms. The halls and cabinets are grouped around the three-bay pillared-hall that forms the centre of the complex. A fountain with a sculpture by Walter de Maria emphasises the »urban« character of this oasis, representing a »public« decoration in a public room, which has otherwise been kept free of art and is only lined with benches at the walls in this »square«. And like a peaceful town square, it also fulfils its function as a meeting place, as a place of orientation and gathering, and for lingering.
This room, which invites visitors to wander to and fro between the pillars, offers them a combination of communication and contem-

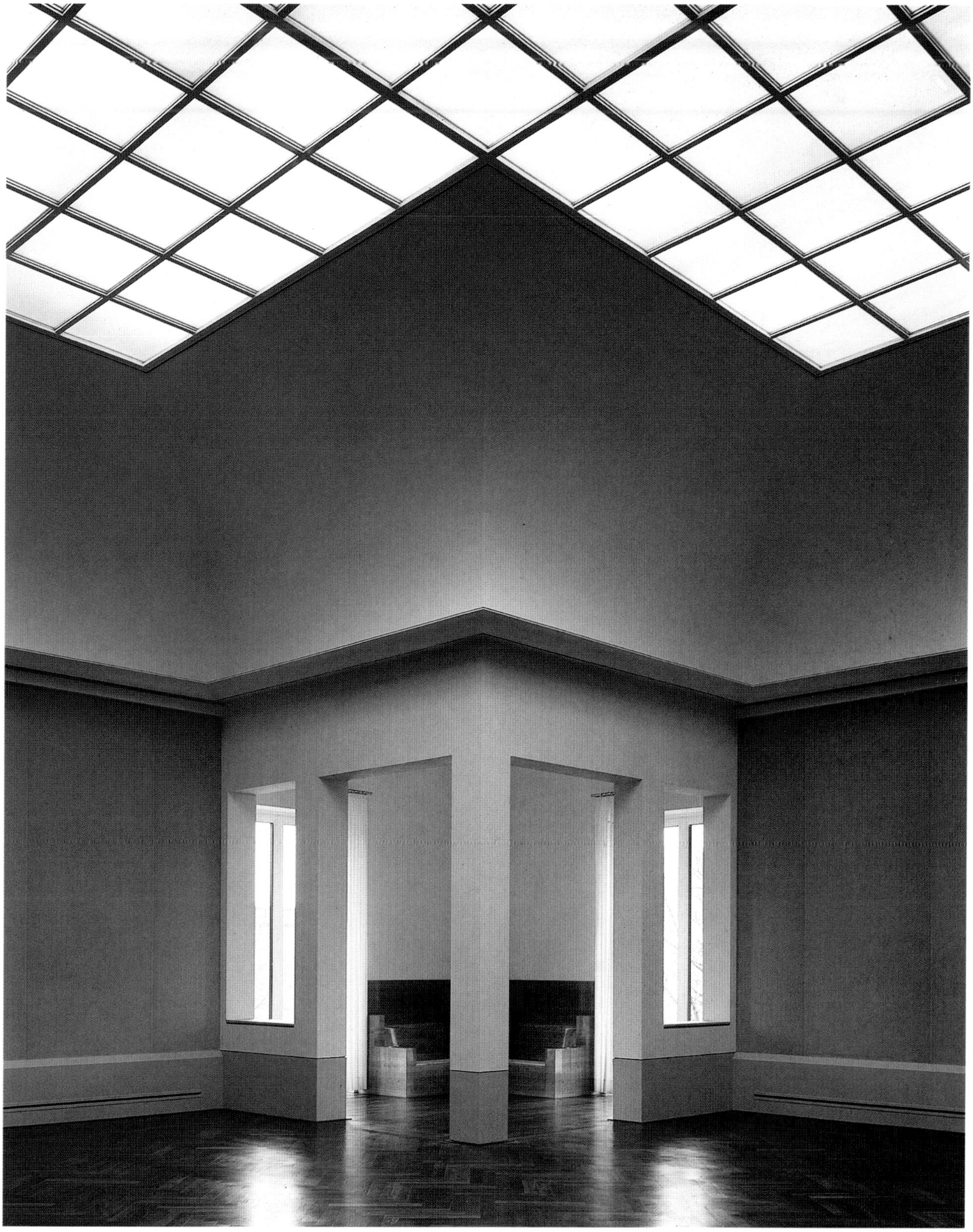

freigehaltenen aber mit Sitzbänken an den »Platzwänden« gesäumten öffentlichen Raum als »öffentlicher« Schmuck den »städtischen« Charakter dieser Oase. Wie ein ruhiger Stadtplatz erfüllt sie ihren Zweck als Treffpunkt, als Ort der Orientierung und Versammlung und des flanierenden Verweilens.
In einer Mischung aus Kommunikation und Kontemplation stellt dieser Raum, der zum Hin- und Herwandern zwischen den Pfeilern einlädt, eine Schwelle zwischen dem Profanen und dem Heiligen, zwischen dem Alltag und der Kunst dar. Der Mensch im Zustand des umherwandernden Beobachters, der im Wechsel von nach Innen und nach Außen gerichteter Aufmerksamkeit seine eigenen Betrachtungen anstellt und auf diesem Weg zu seinem eigenen Standpunkt findet –, mit diesem Bild ist eine geradezu philosophische Gangart beschrieben, die mit dem Museum als Ort der freien Begegnung und des zwanglosen Dialogs als freiheitliche Vorstellung historisch auf das innigste verknüpft ist.
Im Museum am Lustgarten, dem ersten öffentlichen Museumsbau Preußens, hat Karl Friedrich Schinkel eine solche öffentliche

plation, a threshold between the profane and the sacred, between everyday life and the world of art. People can pass through the museum as walking observers, their attention alternately directed towards the inner and outer worlds, making their own observations and thus finding their own standpoint; this image describes a truly philosophical stance that is intimately linked, historically, with the museum as a place of free encounters and of unconstrained dialogue conceived as a liberatory idea.
In the Museum am Lustgarten, Prussia's first public museum building, Karl Friedrich Schinkel antithetically counterposed a public hall for walking in the form of a portico to the Baroque palace. Schinkel deliberately populated his famous perspective drawing of the upper outside stair hall with cheerful visitors immersed in conversation as they walk, thus suggesting that the new, very special and unique room, which belonged to no-one and everyone, half in the museum and half in the city, was designed to allow visitors to be at one with themselves. Developing a threshold of this nature in all its ambivalence and thematising it architecturally as the central

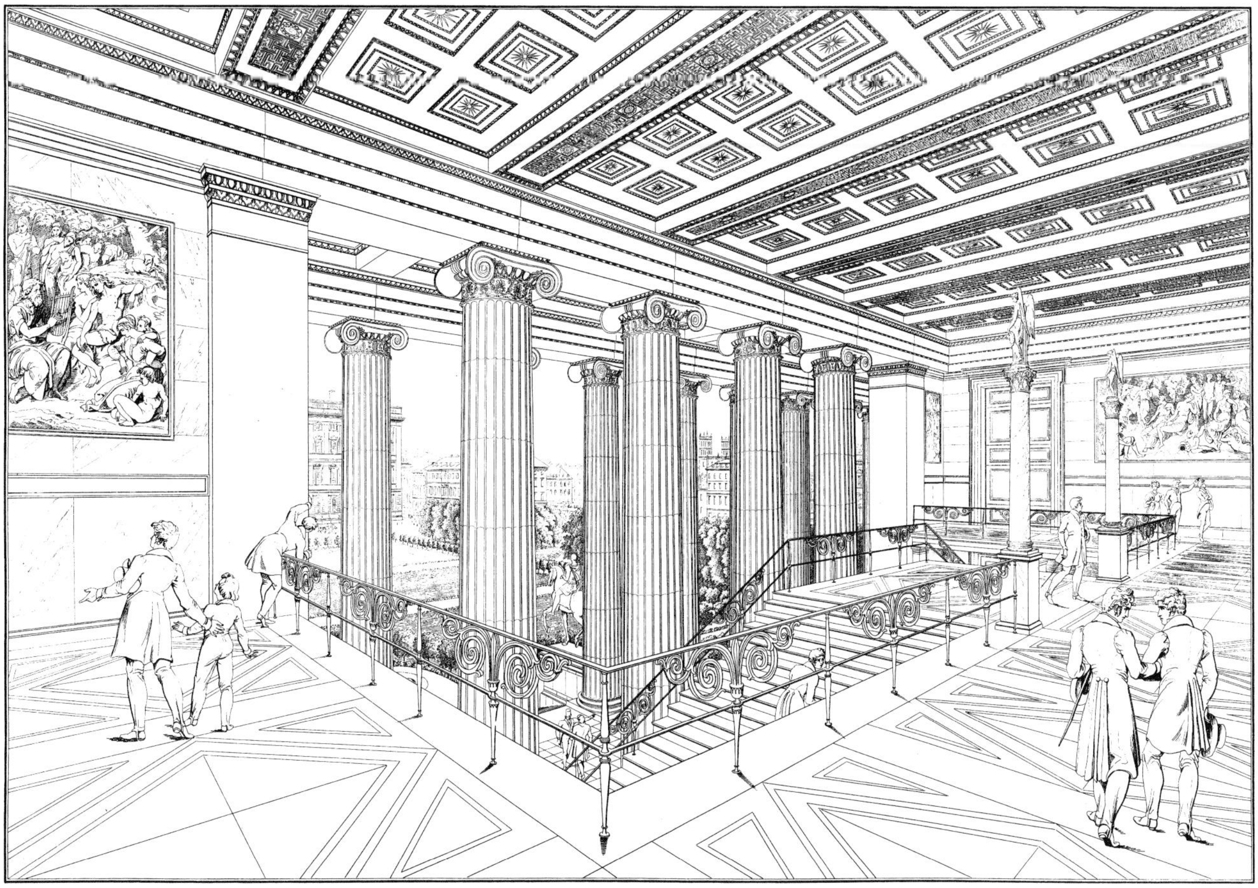

Schinkels Blick
aus dem Museum
zum Lustgarten
Kupferstichkabinett,
Staatliche Museen
zu Berlin
Schinkel's view
from the museum
towards Lustgarten

Wandelhalle als Portikus dem barocken Schloß antithetisch gegenüber gestellt. Wie Schinkels berühmter perspektivischer Darstellung der oberen äußeren Treppenhalle zu entnehmen ist, die er absichtsvoll mit lustwandelden, im Dialog versunkenen Personen bevölkert hat, mochte man in diesem neuen, ganz eigenen, einzigartigen Raum, der allen und keinem gehörte, der halb im Museum und zugleich halb in der Stadt lag, wohl zu sich selber kommen. Eine solche Schwelle in ihrer Ambivalenz zu erschließen und als zentralen Raum des Museums architektonisch zu thematisieren – diese Idee, die Mies van der Rohe in seinem Stahl-und Glas-Pavillon der Nationalgalerie mit neuen Mitteln fortgeführt hat –, ist etwas anderes, als der Rummel jener »Fantasy«-Urbanität kommerzieller Prägung, die inzwischen von den »Malls« der Einkaufszentren auch in die Museumswelt Einzug genommen hat. Der Pfeilersaal der Gemäldegalerie ist ein Raum, in dessen Ambivalenz jene Stimmung der Schwelle atmosphärisch aufgerufen wird. Das konstruktive Gerüst von Pfeiler und Gebälk rhythmisiert den großen Raum und verleiht ihm ein technisches Gepräge, das

room of the museum (an idea that Mies van der Rohe also developed with new means in his steel and glass pavilion for the *Nationalgalerie*) is very different to all the commotion surrounding the »fantasy-world« urbanity of commercial projects, which has meanwhile infiltrated the museum world from the »malls« of the shopping centres.

The ambivalence of the pillared-hall in the *Gemäldegalerie* vividly evokes the atmosphere of the threshold. The structural framework of pillars and beams rhythmisises the large room, lending it a technical aura that recalls the sober objectivity and classically inspired rationality familiar to us from the days of the early Modernists such as Auguste Perret. The objective presence of the ventilation stelas, which double the rhythm of the structure along the longitudinal walls, calls to mind modern machine halls and Otto Wagner's famous Postal Savings Bank in Vienna. By comparison, the gently vaulted shallow-rise domes with their round windows and the slender piers adorned with capital-like lamps give the room a trace of sacred solemnity. An ephemeral, oriental-Byzantine tone also

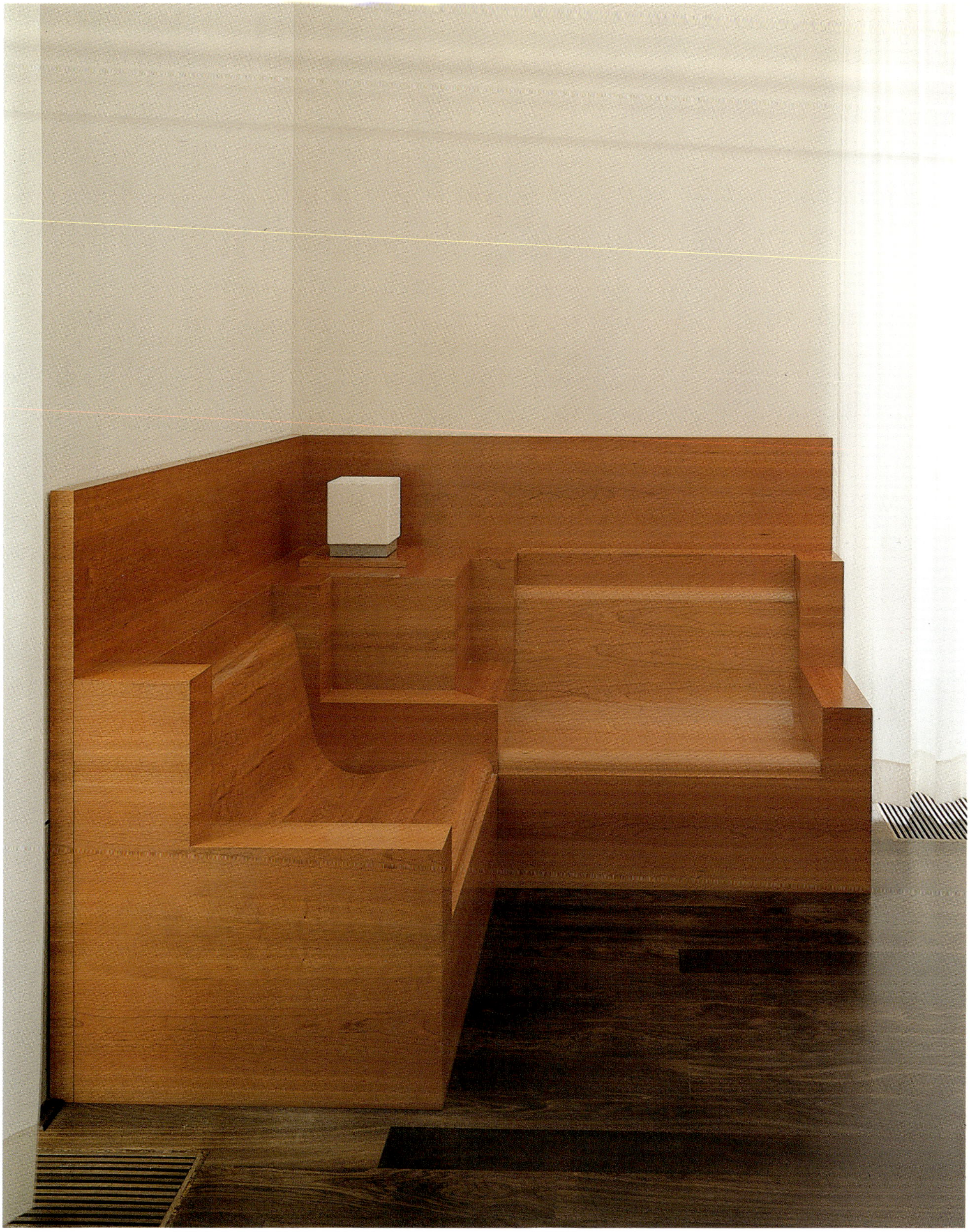

an jene sachlich-nüchterne, gleichwohl klassisch inspirierte Rationalität erinnert, wie man sie aus der frühen Moderne von Auguste Perret her kennt. Die objekthafte Präsenz der Lüftungs-Stelen, die den Takt der Konstruktion an den Längswänden verdoppeln, erweckt Anspielungen an moderne Maschinenhallen oder an Otto Wagners berühmte Wiener Postsparkasse. Demgegenüber verbreiten die weich gewölbten Flachkuppeln mit ihren Lichtaugen und die durch Leuchten kapitellartig bekränzten schlanken Pfeiler einen Hauch sakraler Feierlichkeit im Raum. In dieser Stimmung schwingt sogar eine flüchtige orientalisch-byzantische Note als Beigabe mit, was sich wohl durch die besonderen Umstände des Zugangs zu diesem Raum erklärt.

Wer den Weg in die Gemäldegalerie findet, deren zentraler Zugang vom Kulturforum nur über den Gutbrodschen Torso zu erreichen ist, wird somit dem »ex oriente lux« der Gutbrodschen Architekturauffassung auf sehr versöhnliche Art, nämlich schrittweise entzogen. Mit dem Zugang zur Gemäldegalerie haben Hilmer & Sattler nicht nur die Erschließung ihrer Raumfluchten

reverberates in this atmosphere, explicable, perhaps, by the way in which this room is accessed.

Anyone going to the *Gemäldegalerie*, whose main entrance from the Kulturforum can only be reached via the Gutbrod torso, is thus spared the »ex oriente lux« of Gutbrod's conception of architecture in a most conciliatory fashion, i.e. step by step. With their entrance to the *Gemäldegalerie*, Hilmer & Sattler not only had to organise the development of their suite of rooms, but also associatively conceive and realise the transition from one architectural world to another. To achieve this without aplomb or making reproaches, but with an attitude of perfect courtesy would be much to the credit of any other architect, yet it is almost a matter of course for Hilmer & Sattler, whose highly refined manners are their trademark.

The architects have connected the long, rectangular pillared-hall to the face of a rotunda, which thus functions as both an articulated spatial link to Gutbrod's corridors and as a symbolic form of mediation. Here, twisted hexagons made of glass bricks rise up to a dome, which could have easily been designed by the Expressionist

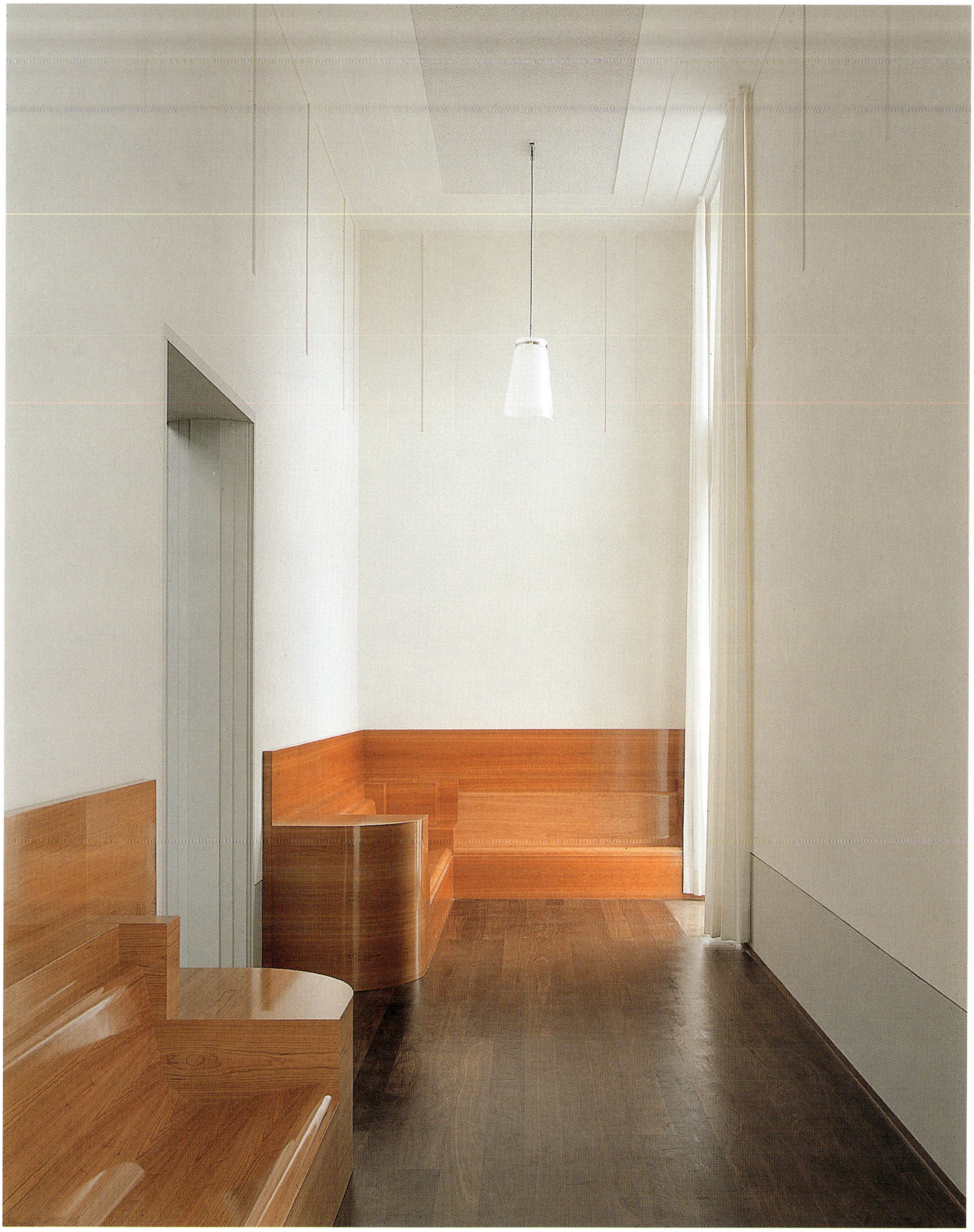

organisieren, sondern zudem auch assoziativ den Übergang von einer Architekturwelt in eine andere bewerkstelligen müssen. Daß dies ohne jeden Vorwurf oder Aplomb geschieht, sondern in formvollendeter Höflichkeit, wäre jedem anderen Architekten hoch anzurechnen, versteht sich aber aus den hochkultivierten Umgangsformen, die zu den charakteristischen Gepflogenheiten der Architektur von Hilmer & Sattler gehören, fast von selbst.
Als räumliches Verbindungsgelenk in die Gutbrodschen Flure und als symbolische Vermittlungsform haben die Architekten dem langrechteckigen Pfeilersaal an der Stirnseite eine Rotunde vorgeschaltet. Hier türmen sich ineinander verdrehte Sechsecke aus Glasbausteinen zu einer Kuppel in die Höhe, die der Expressionist Wenzel Hablik nach seiner Zeichnung »Inneres eines Schautempels« von 1914 entworfen haben könnte. Zu diesem Eintrittsritus, der für den Ort, den man verläßt und den man betritt, zugleich empfänglich machen will, gehört nicht nur diese schöne Geste des guten Willens und des Angebots zum historischen Kompromiß sondern zugleich auch der Abschied von der Beliebigkeit und

Wenzel Hablik after his drawing »The Interior of a Display Temple« of 1914. This entrance ritual, which aims to lend a welcoming atmosphere to the place visitors leave and enter, not only calls for a gesture of goodwill and a historical compromise, but also demands a departure from the arbitrariness and uneasiness of Gutbrod's spatial relationships. This strikes every visitor the moment he sees the pillared-hall in its entire profundity for the very first time. The visitor finds himself in an unambiguous and truly tranquil place, where his orientation is not left to chance, and he does not simply enter in passing.
Hilmer & Sattler have developed the wealth of their suite of rooms by imposing discipline on form. They have also provided a number of differentiated large halls and introverted cabinets which are illuminated exclusively from above and form two rings around the central pillared hall. The sophisticated technology used for the skylight roofs is controlled by a lighting system that makes it possible to view the precious masterpieces naturally, without having recourse to artificial lighting even under mediocre weather condi-

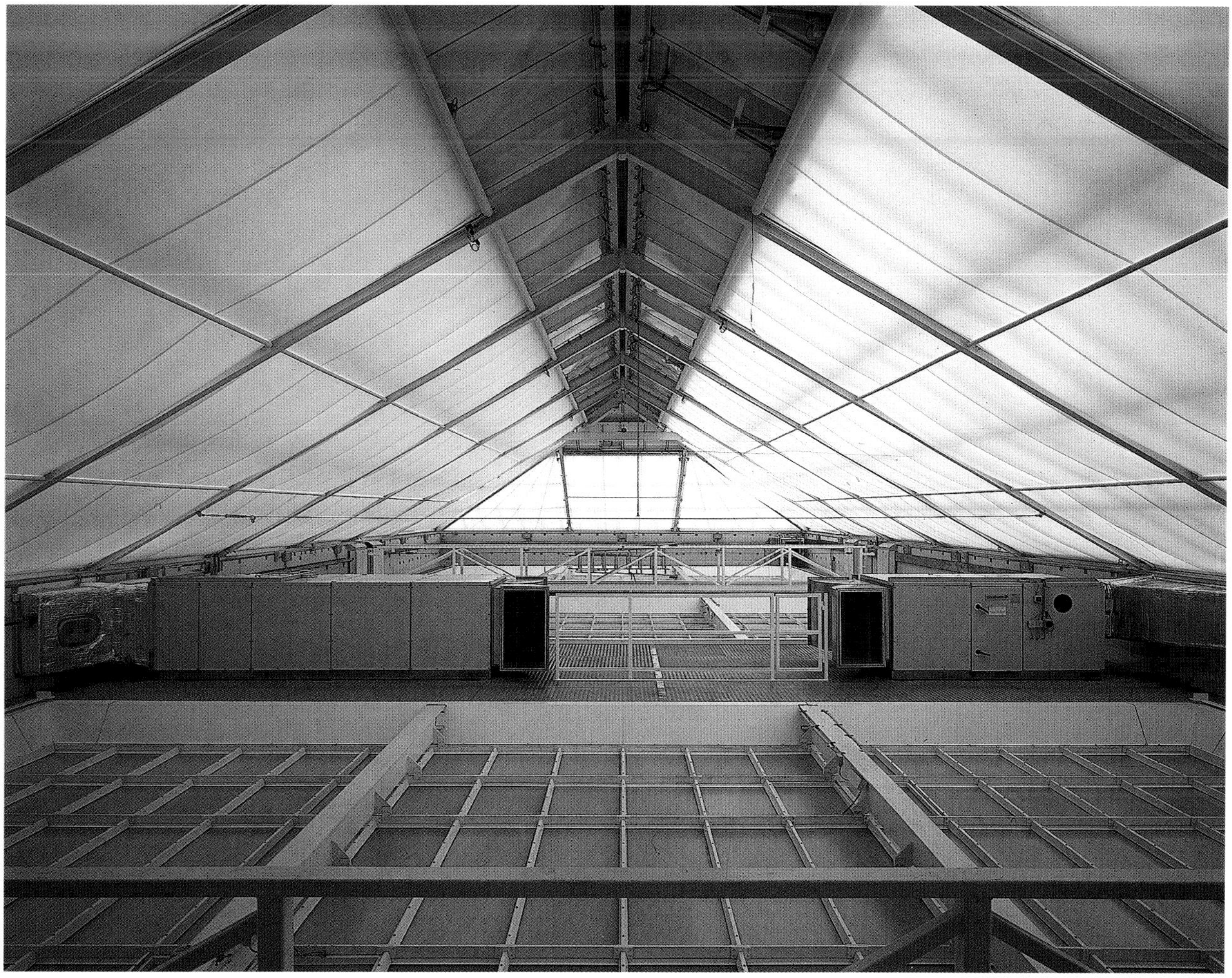

Blick in einen
Oberlichtbereich
View of the
skylight areas

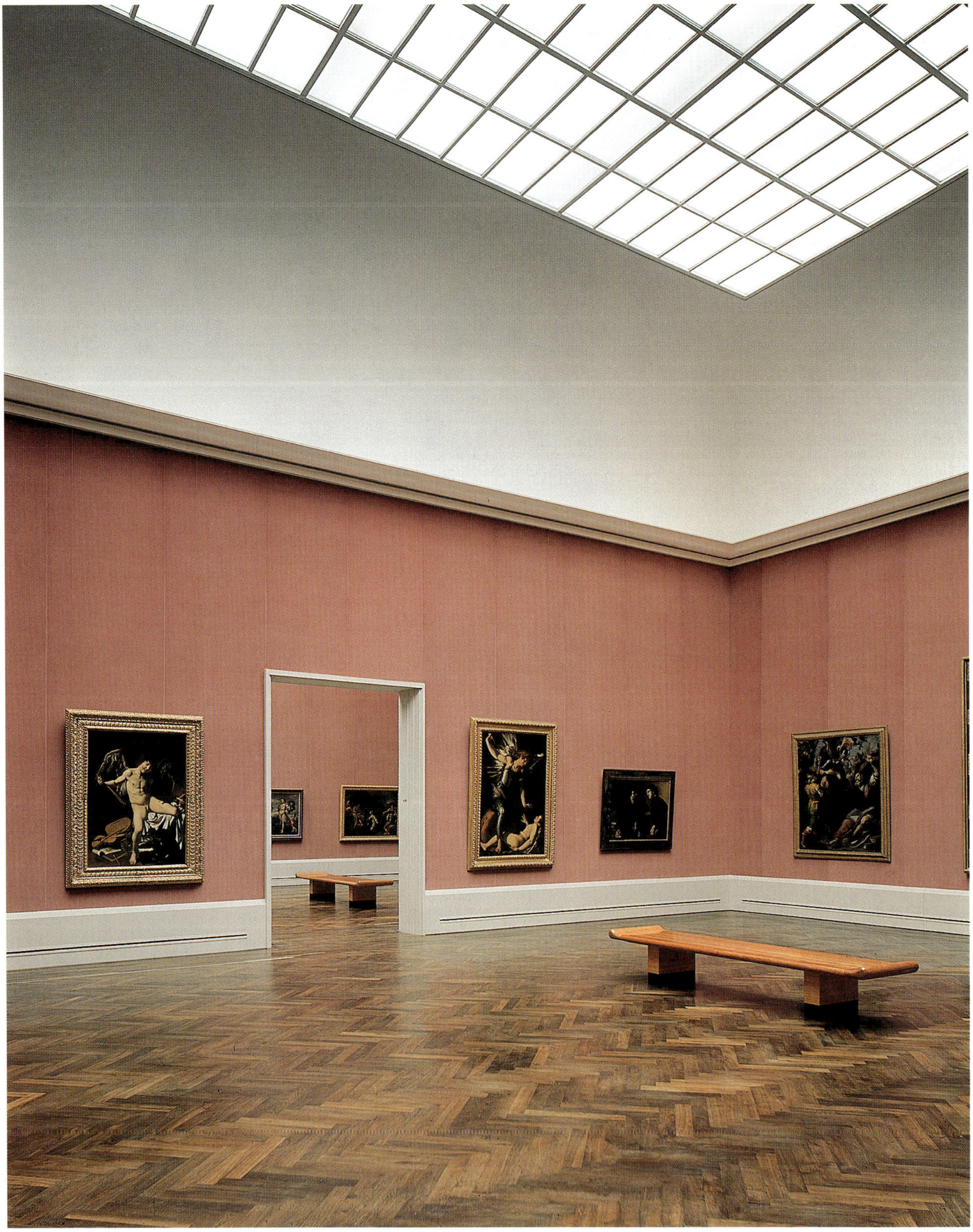

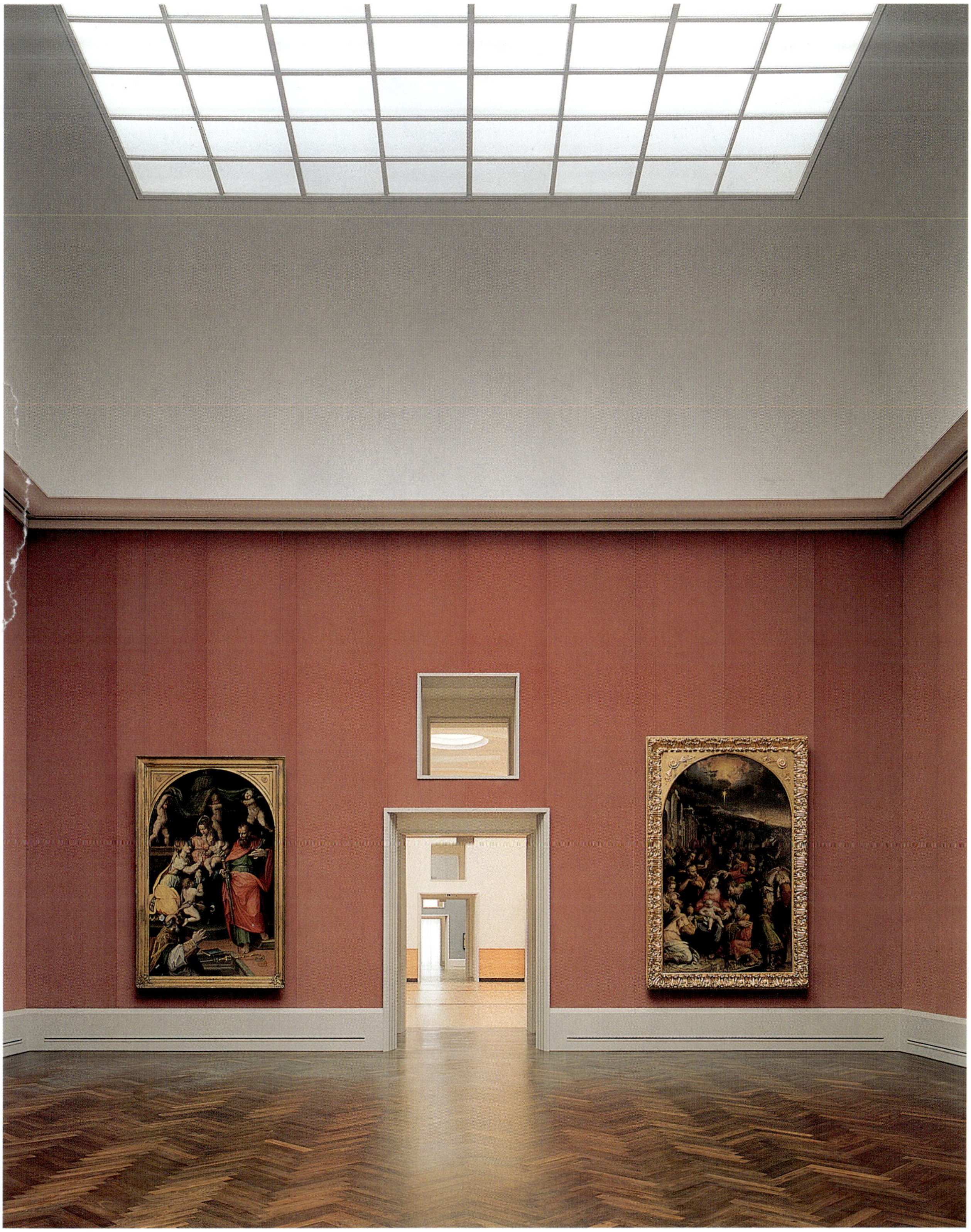

Unruhe Gutbrodscher Raumverhältnisse. Dies tritt dem Besucher in aller Klarheit in dem Moment vor Augen, wenn er den Pfeilersaal zum ersten Mal in der ganzen Tiefe erblickt. Vor ihm liegt ein eindeutiger, bestimmt-ruhiger Ort, an dem man sich nicht zufällig wiederfindet, mit Räumen, welche man nicht beiläufig, aus Versehen betritt.

Aus der Disziplinierung der Form haben Hilmer & Sattler den Reichtum ihrer Raumfluchten entwickelt und ein differenziertes Angebot von großzügigen Sälen und introvertierten Kabinetten geschaffen, die ausschließlich Oberlicht erhalten und sich in zwei Ringen um den zentralen Pfeilersaal legen. Die aufwendige Technik der Oberlichtdecken führt eine Lichtregie, die es ermöglicht, die kostbaren Meisterstücke, wie sie es verlangen, auch bei mäßiger Witterung ohne störendes Kunstlicht zu betrachten. Nur die äußeren Eckräume lassen durch Fenster Tageslicht von der Seite eintreten und geben den Blick in die Stadtlandschaft frei. Innere Blickachsen verlängern sich durch solche Zäsuren in den Außenraum und können dadurch als Koordinaten der Orientierung wirk-

tions. Daylight can only enter the windows from the side in the outer corner rooms, which also provide visitors with the sole view of the cityscape. The visual axes inside the building are extended by breaches in the exterior space and thus function as co-ordinates for orientation. Lavishly designed benches made of polished cherry wood have been placed, like spatial sculptures, in the corner rooms; they function as inviting monuments for relaxation for visitors wishing to take a break in between enjoying the art works in the museum.

The exhibition rooms have been designed as an aesthetic and functional whole, right down to the language of the surfaces and materials. A warm, deep brown emanates from the dark-stained oak parquet flooring, encouraging the visitor to proceed slowly. The architects have avoided the use of an immaculately white gown on naked skin for the wall-surfacing; instead, the walls containing the air-conditioning and lighting are organized by the articulation of the plinths and cornices. They are also architecturally articulated and adorned with structural decoration, and appear before us in

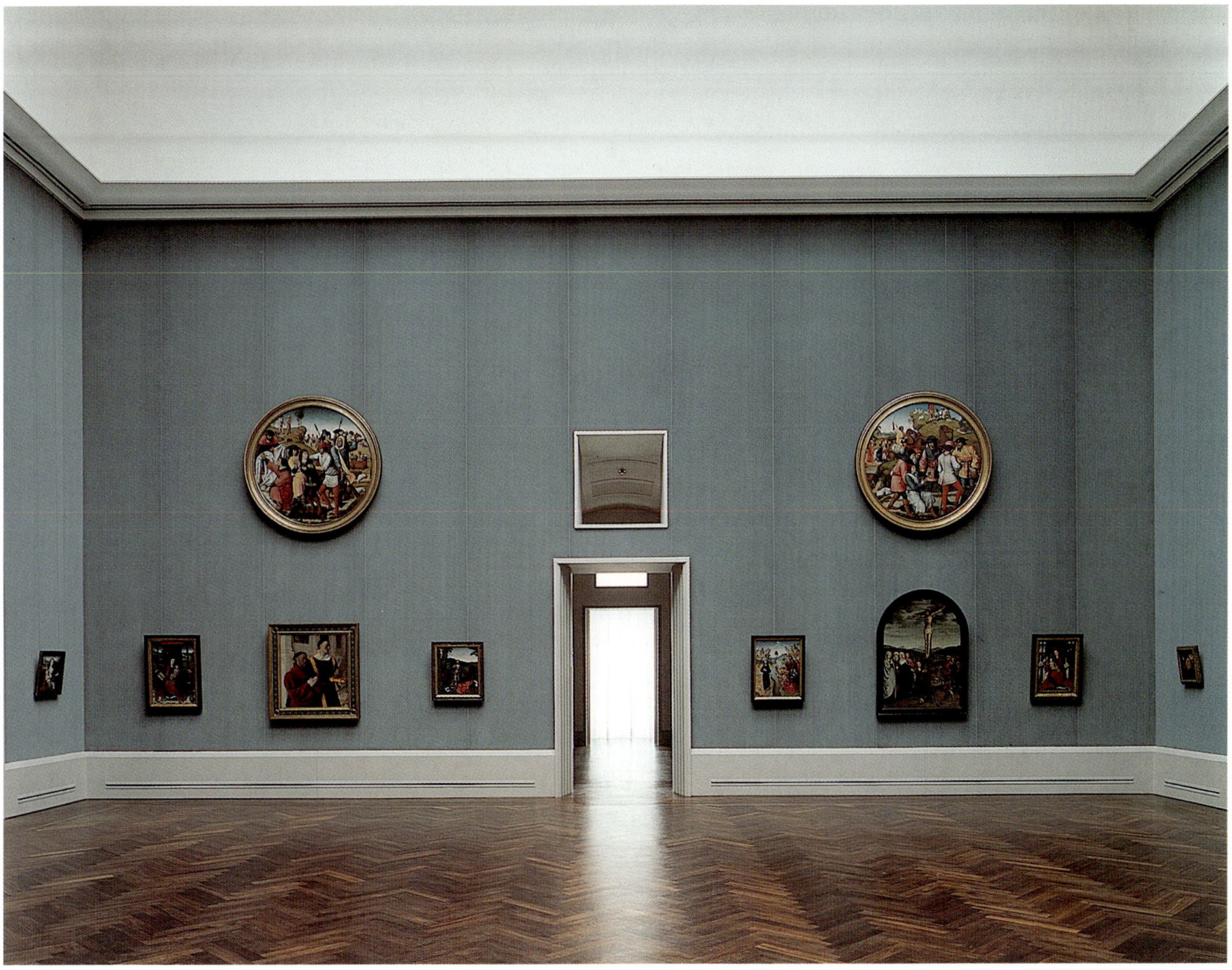

sam werden. Kostbar gestaltete Sitzbänke aus polierter Kirsche sind wie Raumskulpturen in die Eckräume eingepaßt; Monumente des Erholens, die man zum wohlgefälligen Pausieren vom Kunstgenuß gern in Besitz nimmt.
Bis in die Sprache der Oberflächen und Materialien sind die Ausstellungsräume als ein ästhetisches und funktionales Ganzes gestaltet worden. Dunkel gebeiztes Eichenparkett breitet ein warmes, tiefes Braun über den Boden aus und verlangsamt unseren Schritt. Als Wandbekleidung tragen die Ausstellungsräume nicht den in unserer Zeit gebräuchlichen, makellos weißen Kittel auf nackter Haut, vielmehr treten die Wände, durch die Gliederung von Sockel und Gesims klima- und lichttechnisch organisiert, zugleich auch architektonisch gegliedert und bauplastisch geschmückt, in altmodisch anmutender Opulenz im roten, grünen, blauen oder grauen Samtkleid vor uns hin.
In diesen mit modernen Mitteln verwirklichten, traditionellen, mit schwerem Stoff ausgeschlagenen Museumsräumen sollen nicht die Wände, sondern die Bilder strahlen. Sie stehen als das visuelle Ereignis im Rampenlicht. Dieses Licht muß ihnen nicht von Außen künstlich aufgesetzt werden, sondern sie setzen es sich gleichsam

their seemingly old-fashioned opulence in red, green, blue and grey velvet robes.
These museum rooms, which are clad in traditional heavy material manufactured by modern technology, are designed to display the pictures and not the walls, thus placing the pictures – as the visual attraction – in the limelight. The light must not be artificially directed at them from the outside, however; instead, they guide the light onto themselves, as it were, by radiating the entire spectrum of their subtle, rich colours from within themselves. In its own way, the monochromatic velvet background helps to create an optimal space in which the paintings can reveal their full impact. The textile surface gently absorbs the light, which shimmers as it seeps into the material, soaking it, so to speak. In a safe, contemplative ambience clad with light, the precious paintings also appear against a background whose sentimental value also communicates an impression of the cosiness of the interior. Historically it was this

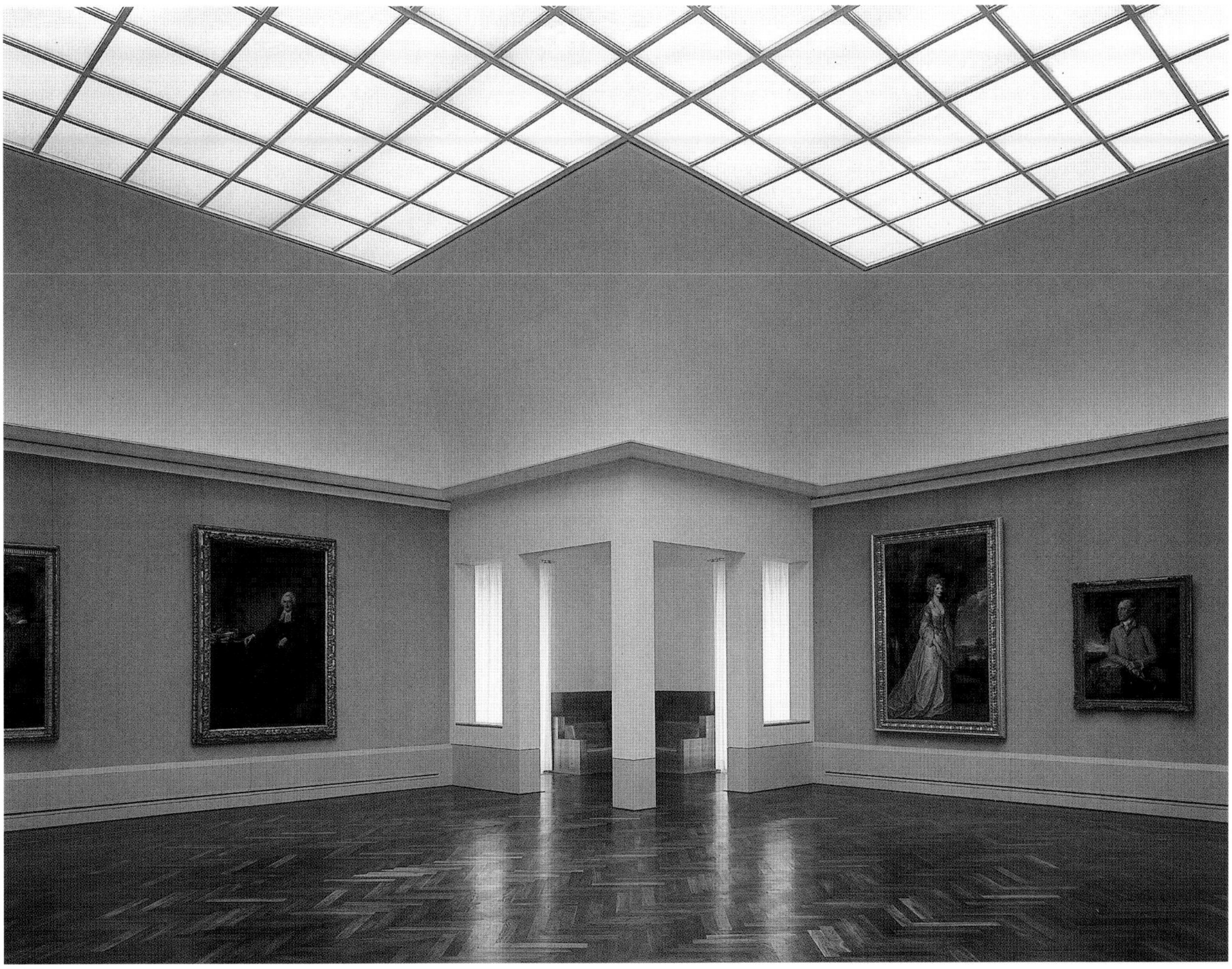

selbst auf, wenn sie in der ganzen Fülle ihrer nuancierten Farbenpracht aus sich selbst heraus leuchten können. Der monochrome samtene Hintergrund trägt auf seine Weise dazu bei, einen optimalen Wirkungsraum für die Gemälde zu schaffen. Diese textile Oberfläche fängt das Licht weich auf, das schimmernd im Stoff versickert, als würde dieser mit einer Flüssigkeit getränkt. In einem solchermaßen mit Licht gepolsterten Ambiente der Geborgenheit und Besinnlichkeit erscheinen die kostbaren Bilder zudem vor einem Hintergrund, der als Erinnerungswert noch eine Ahnung von Behaglichkeit des Interieurs vermittelt. Aus ihm ist schließlich der Großteil der hier versammelten Kunstwerke geschichtlich hervorgegangen, ehe ihnen der Weg· ins Museum gewiesen wurde.

Die neue Gemäldegalerie von Hilmer & Sattler tritt nicht als spektakuläre Architektur-Inszenierung ins Leben, sondern als ein sensibles Bauwerk, das formal und funktional durch seine geistvolle und großzügige Behandlung der Aufgabe und durch Selbstverständlichkeit und vornehme Zurückhaltung in der inneren und äußeren Gestalt bestlcht. Hier spricht Modernität ohne

sentimental value which gave rise to the most of art works in this collection, before they were passed on to the museum.

The new *Gemäldegalerie* by Hilmer & Sattler doesn't enter life as a spectacular architectural production, but as a sensitive building captivating the viewer formally and functionally due to its intelligent and generous treatment of the building task as well as its matter-of-factness and elegant demureness both inside and on the exterior. It speaks the language of Modernism whilst shedding all its revolutionary pathos. There is nothing insistent, programmatic or prophetic about this approach. This unpretentious work of architecture has something refreshingly discrete and objective about it. And it even displays the virtues of courtesy and conciliation, which are discarded elsewhere as old-fashioned. We need to grasp and learn these virtues anew when realising buildings within the context of the city; for this project demands that works of architecture also display neighbourly courtesy. The erection of buildings in an urban context always calls for an architectural imagination: and

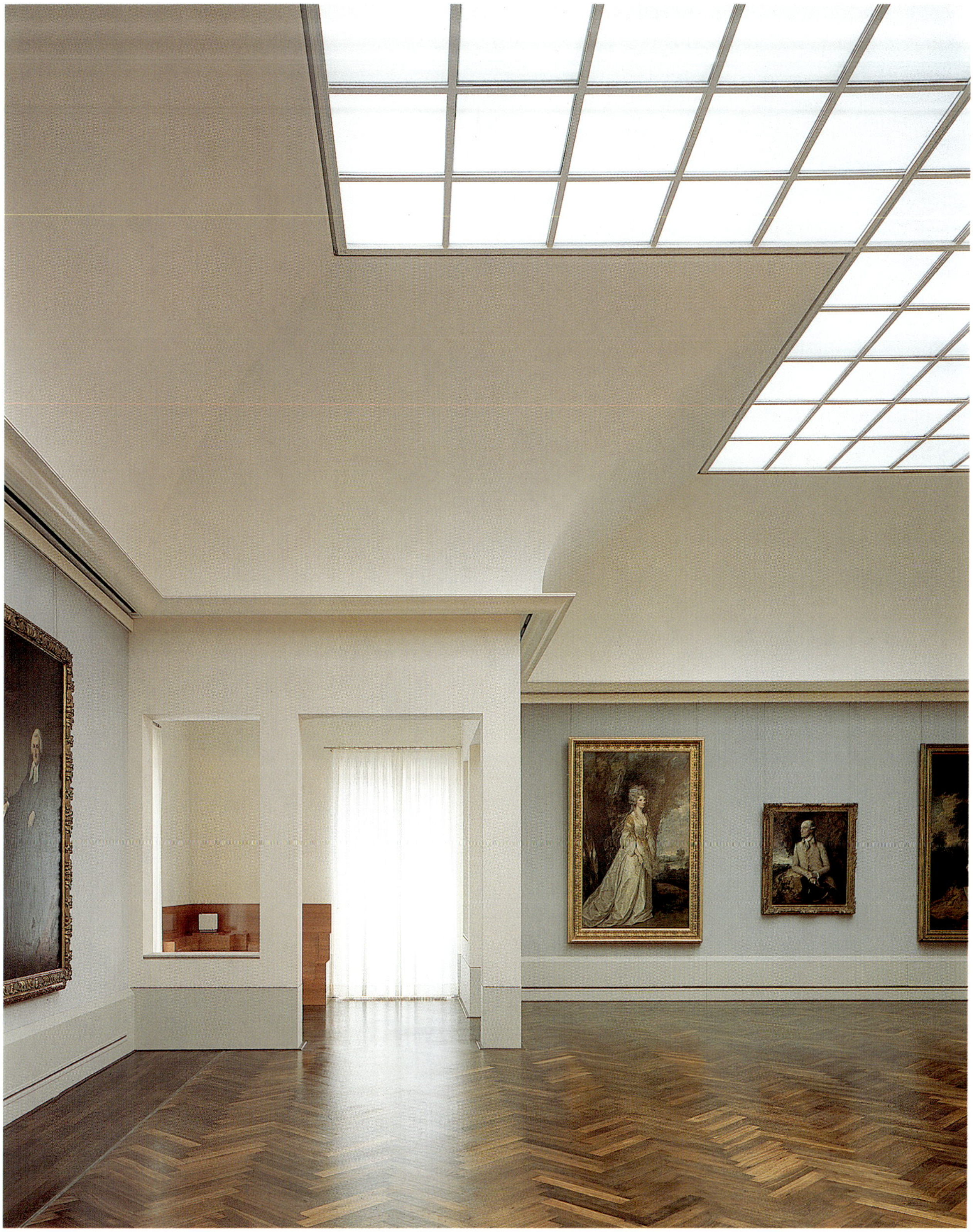

revolutionäres Pathos. Alles Penetrante, Programmatische und Prophetische ist dieser Haltung fremd. Wohltuende Zurückhaltung und Sachlichkeit, ja sogar etwas von den als altmodisch abgelegten Tugenden der Höflichkeit und Versöhnlichkeit haftet der unprätentiösen Architektur an. Solcherlei Tugenden müssen für das Bauen im Kontext der Stadt, das auch von der Architektur gutnachbarschaftliche Umgangsformen verlangt, erst wieder neu begriffen und gelernt werden. Architektonische Phantasie ist beim Bauen im städtischen Kontext allemal gefragt: allerdings nicht nur für die Geste des heroischen Distanzierens – dem »klassischen« avantgardistisch-modernistischen Orginalitätsbeweis –, sondern – erst recht und vor allem – auch für das ganz konventionell und unspektakulär erscheinende Geschäft des Sich-Einfügens und Stiftens von städtischem Zusammenhang.

Einen solchen fein abgestimmten Baustein, der in sich ein Stück Stadt verkörpert, haben die Architekten Hilmer & Sattler mit der Gemäldegalerie in das Kulturforum eingesetzt. Er stärkt als Eckpfeiler dessen städtebauliche Konturen und nimmt in der Fassade

not only gestures of heroic dissociation (the »Classical« demonstration of avant-gardist-Modernist originality), but also – and more than anything else – all that seemingly conventional and unspectacular business of creating and integrating projects into a coherent urban totality.

With their *Gemäldegalerie*, Hilmer & Sattler have located a sensitively adapted building, which in itself represents incarnating an element of city. It functions as a cornerstone that adds strength to the urban contours of the Kulturforum. The facade, with its tectonic system of light frames and terracotta facing, establishes a link to its next-door neighbours, to Mathew's Church (designed by August Stüler, a pupil of Schinkel) and to Mies van der Rohe's building on the other side of the street.

Formal discipline, sensitively creating and linking the rooms, as well as the sensitive use of materials and precise craftsmanship down to the very last detail: these are all virtues extolled by modern Classicism and Classical Modernism, for which Schinkel,

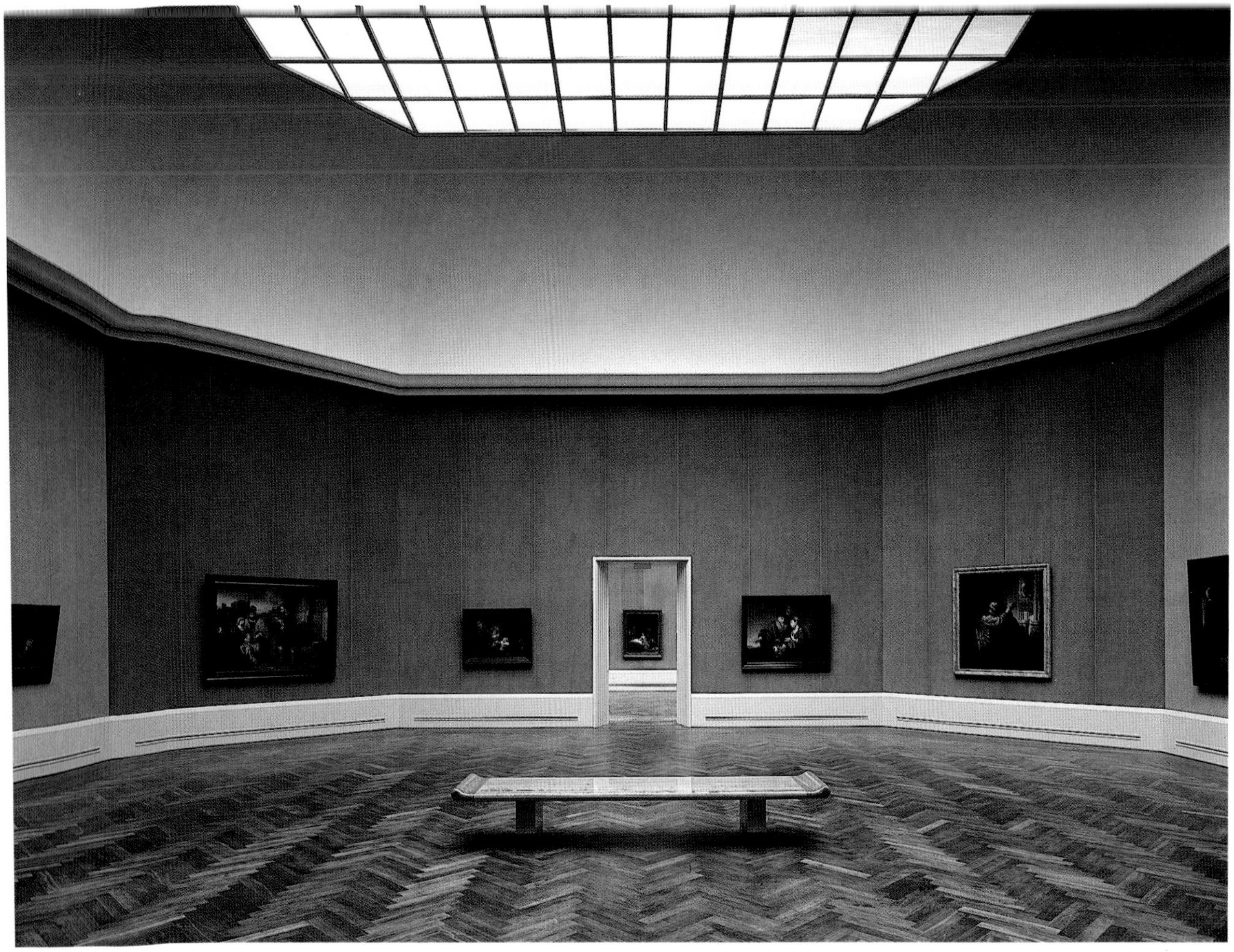

mit seinem tektonischen System von leichtem Rahmen und Terrakotta-Füllung Verbindung zu seinen unmittelbaren Nachbarn auf, zur Matthäikirche des Schinkel-Schülers August Stüler nebenan und zu Mies van der Rohe auf der Straßenseite gegenüber.
Disziplinierung der Form, sinnhaftes Stiften und Fügen der Räume und sinnliche Verwendung der Materialien, Präzision in der handwerklichen Ausführung bis ins Detail, diese Tugenden des modernen Klassizismus und der klassischen Moderne, für die schon ein Schinkel, Adolf Loos oder Mies kämpften, haben in der Gemäldegalerie ihre Aktualität und Bedeutung einmal mehr unter Beweis gestellt. Tradition und Moderne, Herkunft und Zukunft sind in dieser Sicht der Dinge keine Gegensätze, die sich verneinen, sondern die sich gegenseitig bedingen. Nicht nur deshalb befindet sich der neue Nachbar im Kulturforum – auch wenn ein Gutbrod ihm im Nacken sitzt – mit seinen »Alten Meistern« in allerbester Gesellschaft.

Adolf Loos, Mies and others fought. Now they once again demonstrate their contemporary relevance and meaning in the *Gemäldegalerie*. Tradition and Modernism, origins and future cease to be mutually negating opposites in this view of things, and now presuppose one another. And despite the Gutbrod breathing down its neck, this not the only reason why the new neighbour, with its »old masters«, at the Kulturforum is in the very best company.

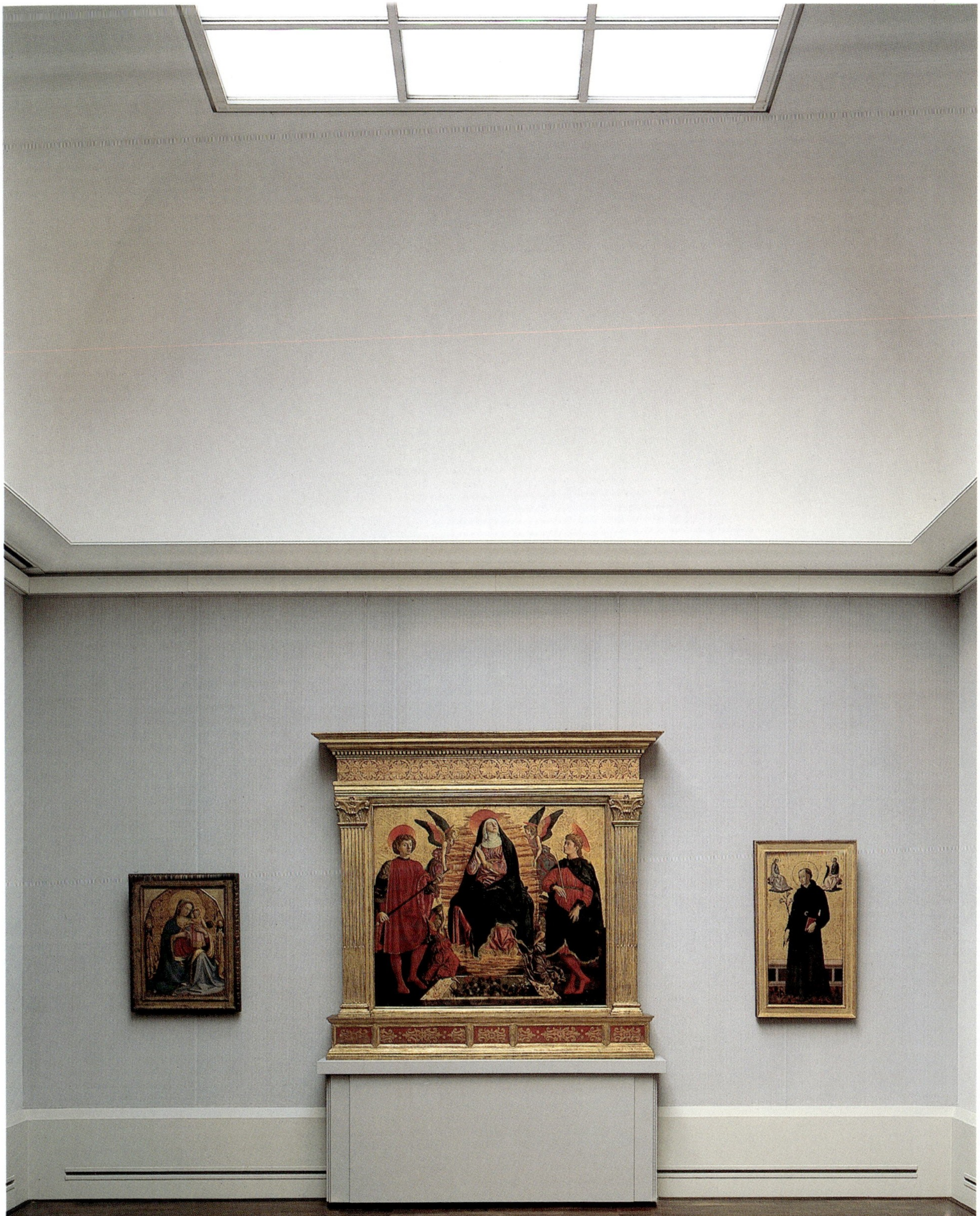

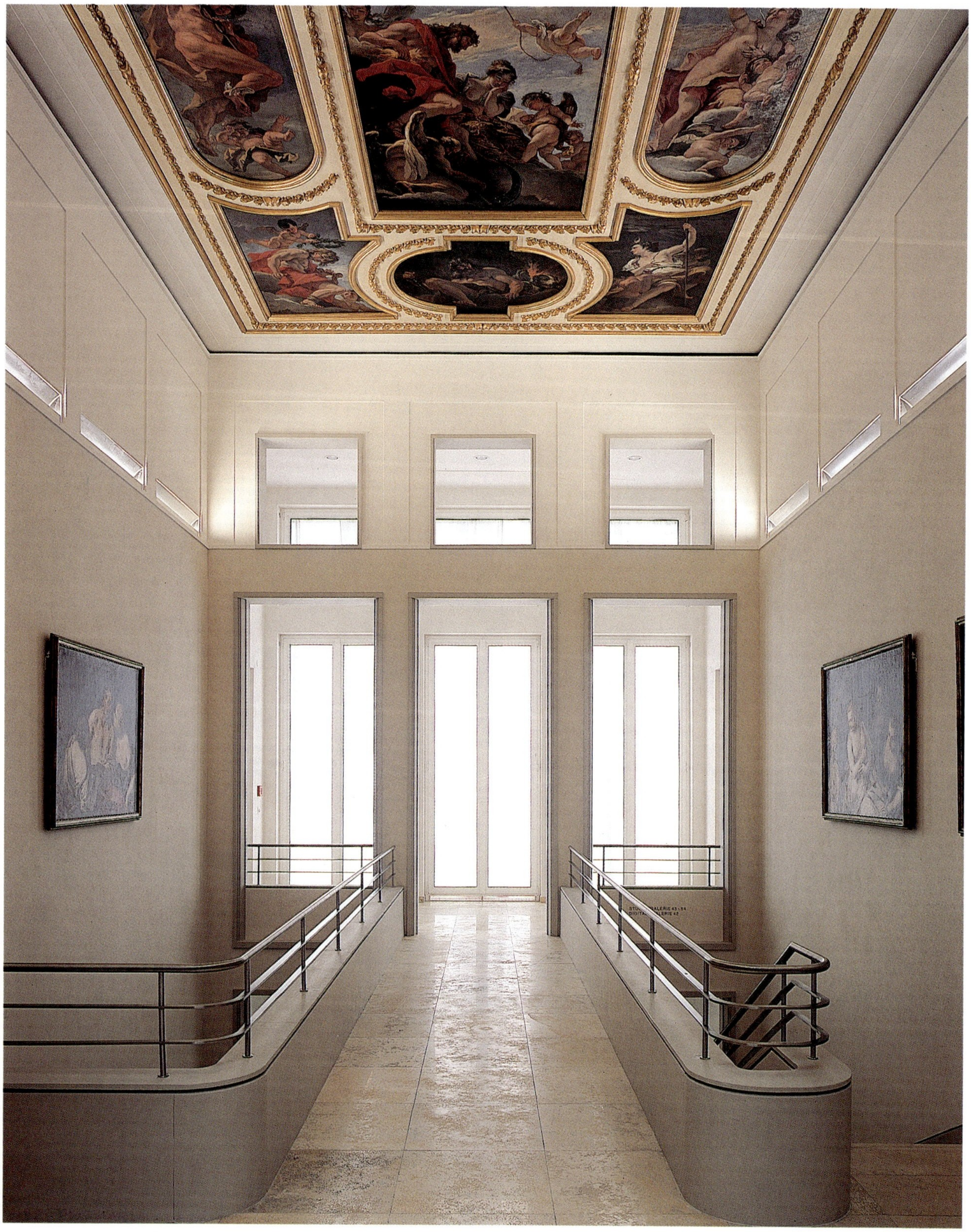

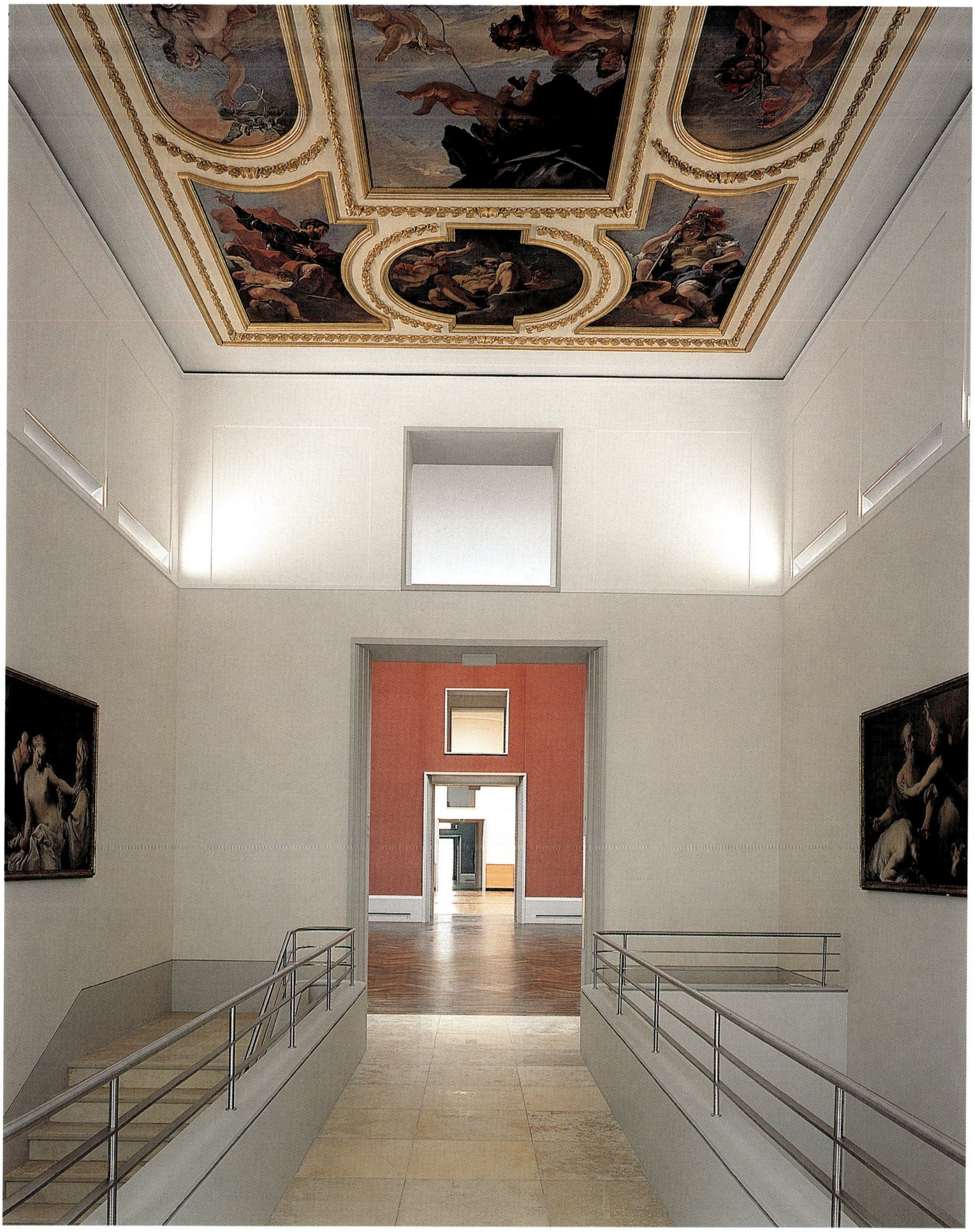

Projekt Project

Museen der Europäischen Kunst am Tiergarten
Museums of European Art at the Tiergarten
GEMÄLDEGALERIE

Architekten Architects

Hilmer & Sattler
Heinz Hilmer
Christoph Sattler
Partner: Thomas Albrecht
München-Berlin
Mitarbeiter Collaborators
Peter Dörrie (Projektleiter),
Sigrid Brockstedt, Dieter Pichler, Johannes Modersohn,
Ulrike Flacke

Bauherr Developer

Staatliche Museen zu Berlin – Preußischer Kulturbesitz

Baudurchführung Execution of building work

Bundesbaudirektion Berlin, Gerd Löffler

Bauleitung Supervision of works

Gruppe 80
Gerischer · Offermann · Schulze · Sichter
Architekten und Ingenieure, Berlin

Fassadentechnik Facade engineering

Keyssner & Mayer, Heidelberg (Stahlbau)
Ingenieurbüro Ludwig & Mayer, Berlin (Stahlbau)

Haustechnik Engineering for services and technical equipment of building

Jaeger, Mornhinweg & Partner GmbH Ingenieurgesellschaft,
Stuttgart-Berlin

Tragwerksplanung Planning of supporting structure

Ingenieurgesellschaft Höpfner, Berlin

Brandschutz Fire protection

Prof. Helmut Epperlein, Berlin

Bauphysik Building physics

Ingenieurgemeinschaft Cziesielski, Ruhnau und Partner, Berlin
Axel Rahn

Tageslicht Natural lighting

Institut für Tageslichttechnik, Dr. Hanns Freymuth, Stuttgart

Kunstlicht Artificial lighting

Lichtdesign Ingenieurgesellschaft mbH, Köln

Beteiligte Firmen Companies involved:

Rohbau Structure
ARGE Gemäldegalerie, Berlin
Leitung: Klaus Pohl
mit den Firmen
Philipp Holzmann AG; C. Baresel AG;
Bilfinger & Berger AG; Wiemer & Trachte; Ed. Züblin AG

Terracotta-Fassade Terracotta facade
Firma Girnghuber, Marklhofen

Granit-Fassade Granit facade
Firma Feicht, München

Heizung, Lüftung, Sanitär, Elektro Heating, ventilation, sanitary engineering, electrical installations
Stangl GmbH, Deggendorf

Sicherheitstechnik Safety engineering
Telenorma, Leipzig-Berlin

Wandbespannungen Wallcovers
Anton Buchele Raumgestaltung GmbH, München

Aufzug Lift
Haushahn GmbH & Co., Stuttgart

Trockenbau Dry construction
ARGE Ausbau Gemäldegalerie, Berlin
Leitung: Siegfried Mußmann
mit den Firmen
Klaus Rogge; Deutsche Innenausbau GmbH;
Mänz & Kraus GmbH

Gesamtnutzfläche Total area	24.000 qm
Bruttogeschoßfläche Gross floor area	28.000 qm
Bruttorauminhalt Gross cubage	152.000 cbm
Ausstellungsflächen Exhibition areas	7.000 qm
Hängefläche Suspended area	2.200 lfdm
Baukosten Building costs	300 Mill. DM
Wettbewerb Competition	1986
Bauzeit Construction time	1991–1997